경계선

경계선

BOUNDARIES

건강한 거리가,
나와 너를
깊이 연결한다

Where You End and I Begin

앤 E. 캐서린 지음
정화숙, 김미자 옮김

圖書出版 하나醫學社

BOUNDARIES: WHERE YOU END AND I BEGIN:
How to Recognize and Set Healthy Boundaries by Anne Katherine

This Korean edition was published by HANA MEDICAL PUBLISHING CO.
in 2025 by arrangement with the original publisher,
Hazelden Betty Ford Foundation c/o SIMON & SCHUSTER, LLC through
KCC(Korean Copyright Center Inc.), Seoul.

이 책을 셰리 스톡하임 애셔,

나의 가장 오랜 친구 캐런 릭스 셀비(더스티),

사랑하는 여동생 프랜시스 웨스트,

마지막으로 훌륭한 치료사가 되는 것이 무엇인지 가르쳐 준

코디 손타그(조엘렌 와토)에게 바칩니다.

앤 E. 캐서린

이 책으로부터 도움받을 모든 분을 생각하며 이 책을 번역합니다.

역자 일동

감사의 글

좋을 때나 힘들 때나 슬플 때나 축하해 주며 제 곁에 있어 준 친구들과 함께하면서 많은 변화를 경험했습니다. 관계가 깊어지고, 평온을 느끼며, 풍요로워지는 것은 물론이고, 유대에 대한 깊은 믿음과 신뢰가 생겼습니다. 이들은 지금까지의 수많은 만남에서 제 실수를 용서해 주었고, 서로의 오해를 풀기 위해 기꺼이 노력해 주었습니다. 우리의 만남은 모두에게 참으로 영예로운 일입니다.

메리 로우 하펠레 프뢸레 (루) (1964)
주디스 (주디) 앤 번즈 (개버) (1966)
카산드라 앤 (캐시) 메이저 (1967)
샌디 리노 (1982)
바바라 킴브로 블랙번 (1986)

질 솔즈베리 (1987)

여러분은 제 삶을 풍요롭게 해 주었습니다. 감사합니다.

마지막으로, 저에게 기회를 준 훌륭한 편집자 테런스 스푼과 마들렌 아비로프에게 깊은 감사를 표합니다. 여러분은 가벼운 수정으로 제 작업 과정을 존중해 주고, 또 저의 창의력을 북돋워 주었습니다.

- 앤 E. 캐서린

역자 서문

인간은 생명이 시작하는 그 순간부터, 그리고 생명이 다하는 그 순간까지 일관되게 존엄하고 고유하다. 이 존엄성과 고유성을 유지하게 하고 보호하는 것이 경계선이다.

건강하지 않은 경계선, 즉 모호하거나 경직된 경계선은 우리의 존엄성과 고유성을 지키는 데 방해가 된다. 건강한 경계선 즉, 명확한 경계선(Munichin, 1974)은 타고난 존엄성과 고유성을 바탕으로, 우리 각자가 자신만의 모습과 색깔을 지닌 가치 있는 존재로 피어나도록 돕는다. 나는 네가 아니고, 너는 내가 아닌, 나는 '나다움'으로 너는 '너다움'의 가치로 피어나도록 한다.

독자들은 이 책을 통해 건강하지 않은 경계선과 경계선 침범으로 겪게 되는 다양한 아픔, 고통, 어려움, 정신적 증상들을 접하면서, 이 모든 사례가 경계선의 문제로 빚어진 일들이라는 것에 대해 심히 놀라게 될 것이다. 또한 이러한 일들은 특별한 것이 아니라 우리 자신을 포함해 우리 주변에 만연해 있다는 것도 깨닫게 될 것이다. 이 책은 독자들에게 건강하지 않은 경계선을 분별하고 정리하며 어떻게 건강한 경계선을 구축해야 하는지 그 방법을 제시한다.

나는 이 책을 통해 부모, 교사, 상담사 및 치료사를 포함하여 일반 독자들이 경계선에 대한 명확한 개념을 가지고 인간의 존엄성과 고유성이 온전히 피어나 함께 어울려 모인 아름다운 생명의 공동체를 만들어 나가는 데 조금이나마 도움이 되었으면 좋겠다.

나의 많은 내담자, 환자, 교육생과의 귀한 시간들이 이 책을 번역할 수 있는 소중한 동기가 되었다. 그들에게 진심으로 감사한다. 그리고 이 책이 가지는 의미를 이해하고 기꺼이 작업을 이끌어준 하나의학사 임직원의 도움으로 출판에 이르렀다. 모두에게 마음 깊이 감사의 말을 전한다.

- 역자 일동

목차

"좋은 울타리가 좋은 이웃을 만든다."

로버트 프로스트

1
벽 사이

로라의 이야기

나는 예정일보다 한 달 일찍 태어났어요. 당시에는 일반적으로 미숙아를 인큐베이터에 혼자 두었죠. 나는 최근 수년간 치료를 통해 얻은 지식을 동원해 심상 속에서 그 당시로 돌아갈 수 있었어요. 가장 먼저 보이는 것은 터널처럼 보이는 투명한 지붕이에요. 나는 인큐베이터를 통해 위를 올려다봐요. 밝은 빛이 항상 비추고 있고, 인큐베이터 벽 너머에는 평이하고 하얀빛이 돌아요. 나는 모든 이와 단절되었다고 느끼고, 누구에게 속해 있는지도 모르죠. 내게 손길이 닿는 유일한 시간은 인큐베이터를 청소할 때뿐이에요.

최근에 엄마에게 내가 태어난 후 병원에 입원해 있던 몇 주 동안 나를 얼마나 안아 주었는지 물어봤어요. 엄마는 “왜 그러니? 내가 항상 안아 줬잖아!”라고 말하셨죠. 나는 “얼마나요?” 하고 다시 물었어요. 내

기억에 항상 그랬던 것 같지는 않거든요. “병원에서 허락할 때마다 안아 줬어”라고 엄마가 말했지만, 나는 “얼마나 자주 안아 줬는데요?”라고 계속 물었어요. “젖을 먹이라고 너를 데려올 때마다 안아 줬어. 하루에 세 번, 20분씩”이라고 엄마는 말했어요. 생후 첫 3주 동안 하루에 한 시간 정도 되는 셈이죠. 아기였던 나는 그것만으로는 충분하지 않았다는 것을 알았어요. 그리고 그런 접촉 결핍은 계속되었죠. 내가 생후 6개월쯤 되었을 때 아버지가 엄마를 떠났고, 엄마는 나를 조부모님에게 맡기고 떠났어요. 조부모님은 세상에서 가장 감정을 드러내지 않는 그런 사람들에 속하는 분들이셨죠. 아마 함께 살면서 그분들이 입맞춤하는 걸 딱 한 번 정도 봤을 거예요. 그분들은 나를 한 번도 쓰다듬어 주지 않았죠.

내가 열 살 때 엄마는 재혼했고, 나를 엄마 집으로 데려갔어요. 엄마 집에서 지낸 지 이틀 째 되던 날이었어요. 엄마가 야간 근무였는데, 의붓아버지가 내 방에 들어와 나와 함께 침대에 누웠어요. 단 한 번도 누군가가 어루만지거나 안아 준 적 없던 내 몸에 손이 닿는 것을 느꼈어요. 그 손길에 속이 매스꺼워졌어요. 뭔가 옳지 않은 것 같다는 생각이 들었죠. 그러나 지금까지 누구도 내 감정이 중요하고, 무엇이든 내가 선택할 수 있다는 걸 말해 준 적이 없었어요. 그래서 그냥 그의 손길을 꾹 참았어요.

어떤 남자아이가 나를 처음 만졌을 때가 기억나요. 나는 열세 살이었고 그는 열여섯 살이었어요. 우리는 청소년 댄스파티에 갔고, 나는 드디어 남자친구가 생겼다는 생각이 들었어요. 그는 나와 함께 춤을 추었고, 밤새 내 어깨를 감싸고 있었어요. 내가 즐거웠을까요? 흥분되었을까요? 아니요, 끔찍했어요. 내가 경험한 유일한 종류의 접촉이 나를 역겹게 했어요.

그는 정말 반듯하고 예의 바른 착한 소년이었지만, 그가 내 어깨에 팔을 얹었을 때 나는 통증을 느꼈어요. 두려움 때문에 심장이 너무 크게 뛰어서 두근거리는 박동 소리가 내 귀에 들릴 정도였어요. 그 소년과의 건강한 첫 경험이 기쁘기는커녕 혼자 집에 돌아온 후 몇 시간이 지나도록 내 심장은 요동쳤어요. 이후 나는 그 소년의 전화를 피했어요. 다시는 그를 볼 수 없을 것 같았거든요.

베스의 이야기

내가 태어났을 때 어머니는 마흔이 넘은 나이였어요. 그보다 나이가 더 많았던 아버지는 군인이었고요. 아버지는 집안의 모든 것, 특히 나를 통제했어요. 유치원 때부터 모든 선생님과 진지한 대화를 나눴죠. 내가 무엇을 먹는지 살피고, 놀이를 지휘했으며, 나이가 들면서는 내 친구들과 면담도 하셨죠. 깔끔한 옷차림, 앉고 서는 올바른 자세, 의무와 순종, 충성심의 의미를 가르쳐 준 사람도 아버지였어요. 그러다가 내가 첫 생리를 했을 때, 우리는 둘 다 충격을 받았어요. 그때까지만 해도 나는 군인답게 행동하는 완벽한 모범생이었거든요. 나는 아버지가 한 번도 갖지 못한 아들인 셈이었죠. 하지만 내가 여자가 되면서 그 완벽함이 깨졌어요. 아버지가 직접 말하지는 않았지만, 나는 아버지가 크게 실망했다는 걸 알았어요. 그때부터 먹는 걸 중단했어요. 점점 나는 여자처럼 보이지 않게 되었고, 생리도 멈췄죠. 어머니는 걱정했지만, 아버지는 그렇지 않았어요. 어머니는 우리 집에서 발언권이 많지 않았기 때문에 아무 일도 일어나지 않았어요. 하지만 내가 너무 야위고 집중하는 데도 어려움이 생기자 어머니는 의사를 만나 보자고 하셨어요. 의사는 즉시 나를 병원에 입원시켰어요. 아버지는 나와 떨어지는 것을 원하지 않았지만, 치료사들은 내가 거식증에 걸렸고 치료가 필요하다고 말했어요. 그들은 나에게 식사를 강요했어요. 치료사들 때문에 화가 났을 때 나는 아버지에게 전화했고, 아버지는 그들의 말을 듣지 말라고 했어요. 아버지는 치료사에게 전화를 걸어 나에게는 아무 문제가 없다며 말다툼을 했어요. 아버지와 더 많은 이야기를 나눌수록 병원에 계속 입원해 있는 것이 어리석은 일이라는 생각이 들었어요. 치료사들은 이런 상황에서 무슨 말을 해야 할지 몰랐어요. 나는 내가 지극히 괜찮다고 생각했으니까요. 게다가 아버지가 그리웠고, 아버지도 내가 필요했어요. 마침내 아버지가 나를 데리러 오셨어요. 내가 의학적 조언을 거스르고 병원을 떠났기 때문에 보험사에서는 내 치료비용을 보장할 수 없다고 했지만, 아버지는 전혀 신경 쓰지 않았어요. 그만큼 나와 함께 있기 원했던 거죠.

경계선이란 무엇인가?

치료사들과 회복 중인 사람들은 '경계선'이라는 단어를 자주 사용한다. 이 단어가 의미하는 것은 무엇일까? 왜 이 단어가 그들의 이야기에 자주 포함될까? 그들은 경계선에 대해 어떤 이야기를 하는 것일까?

이 장에서는 경계선에 대한 큰 그림을 살펴볼 것이다. 그런 다음 좀 더 세부적인 내용으로 접근할 것이다. 경계선의 숲과 나무를 모두 인식할 수 있도록 경계선의 특수한 측면을 살펴볼 것이다.

각 장에는 간단한 연습 문제가 포함되어 있으며, 어떤 문제는 다른 사람과 함께 하는 것도 있다. 이 문제들은 경계선에 관해 학습하고 수

집한 지식을 몸과 마음으로 체득할 수 있게 도와준다.

아메바는 튤립이 아니다

경계선이란 무엇일까? 경계선은 나를 다른 사람과 구분 짓는 한계선 limit 또는 가장자리 끝이다. 경계선은 우리의 본래 모습을 활성화하는 범위다. 예를 들면 피부는 경계선이며, 피부 안쪽의 모든 것은 물리적인 나 자신이다. 모든 생명체는 물리적인 벽에 의해 다른 생명체와 분리되어 있다. 아메바, 오렌지 나무, 개구리, 표범, 박테리아, 튤립, 거북이, 연어 등은 저마다 다른 유기체와 구별되는 고유한 물리적 한계(경계선)를 가지고 있다. 이 한계는 상처를 입거나 다른 유기체에 의해 침해될 수 있다. 만약 침해가 매우 심각하거나 침해에 독성이 동반되는 경우, 침해당한 유기체는 죽을 수도 있다. 신체적 경계선이 온전하면 생명이 보존된다.

유기체의 신체적 구성 요소에도 경계선이 있다. 신경은 외피 또는 막으로 덮여 있으며, 뼈는 근육과 구분된다. 물리적 세계는 경계선으로 가득 차 있다. 그렇지 않다면 우리가 의자에 앉을 때 의자를 통과하고 의자는 우리 신체를 통과하게 되어 몸이 바닥에 널브러질 것이다. 만약 바닥도 없다면, 바닥도 통과하게 될 것이다. 더 나아가 지구에도 경계선이 없다면 어떻게 될까? 과연 우리는 어디서 멈추게 될까?

우리는 보이지 않는 원에 둘러싸여 있다

사람의 피부는 신체적인 자신의 한계선을 표시하지만, 피부 너머로 확장되는 또 다른 경계선이 있다. 우리는 누군가가 너무 가까이 다가오면 이 경계선을 인식하게 된다. 마치 보이지 않는 원, 즉 안전지대에 둘러싸여 있는 것과 같다. 이 영역은 유동적이다. 예를 들어 연인은 대부분 친구보다 더 가까이 있고, 친구는 낯선 사람보다 더 가까이 있다. 반대로 적대적인 사람과는 상당한 거리를 둔다.

정서적 · 영적 · 성적 · 관계적 경계선도 있다. 안전하고 적절한 것에 대한 한계선이 있으며, 다른 사람들과 자신을 구분하는 경계선이 있다. 이 경계선 안에는 당신다움youness이 있는데, 이는 다른 사람과 구별되는 개인적인 차이를 만들어 당신을 타인으로부터 구분시킨다.

정서적 경계선이란 무엇인가? 우리에게는 저마다의 뚜렷한 감정과 반응이 있다. 개인적인 지각, 특정한 개인사, 가치관, 목표, 관심사에 따라 세상에 고유하게 반응한다. 나와 유사하게 반응하는 사람들도 있지만, 정확히 똑같이 반응하는 사람은 아무도 없다.

내 신체 크기는 당신이 상관할 바가 아니다

타인이 우리를 정서적으로 대할 때 안전하고 적절한 행동에 대한 경계가 있다. 시애틀 시내의 한 상점에서 나오는데 낯선 사람이 종교적인 문제로 나에게 소리를 높이기 시작했다. 나는 돌아서서 그 자리를 떠났다. 나는 누구의 고함도 받아들일 필요가 없다. 친구나 사랑하는 사람의 적절한 분노는 수용하지만, 그러한 경우에도 분노한 그 사람과 얼마나 가까이 지낼 것인지는 내가 결정한다.

어린 시절 내가 살던 곳의 집주인은 수시로 내 몸무게에 대해 말하곤 했다. "너 점점 살이 찌고 있구나, 그렇지?" 그 당시 나는 다른 대처 방법을 잘 몰랐기 때문에 집주인이 그런 말을 하게 내버려 두었다. 그러나 이제는 누구도 내 몸에 대해 함부로 말할 권리가 없다는 것을 안다. 만약 오늘 그런 일이 또 생긴다면 "내 몸 사이즈는 당신이 상관할 바가 아니니 그런 생각은 혼자 속으로만 하세요"라고 말할 것이다. 그런데도 계속한다면 나 역시 계속 대응할 것이다. 다시는 상대방을 보지 않을 수도 있다. 나의 정서적 경계선을 지킬 수 있다면 이사라도 할 것이다.

나는 내담자가 나에게 원하는 것은 무엇이든 말하도록 내버려 두곤 했다. 그들이 당장 화를 내야 한다면 나를 통해서 분노를 표현하는 법을 배우게 하자고 생각했다. 그러나 이제는 누구를 위해서도 불필요한 희생을 하지 않는다. 내담자가 나에게 상처 주는 말을 하면 나는 경계선을 긋는다. 때로 내담자가 나에게 적절한 이유로 화를 낼 수도 있지만, 비열함과 적대감은 개인에게도 관계에도 발전적이지 않다. 누군가가 나를 언어적으로 학대하게끔 내버려 두면 모두에게 좋은 일이 아니다. 누군가가 나를 학대하거나 언어적으로 상처를 주도록 내버려 두면 상대방도 나도 발전하지 못한다. 자신을 보호하는 것은 두 사람 모두에게 필요한 한계를 설정하는 것이고, 그 한계는 관계를 향상시킨다.

우리에게는 영적인 경계선이 있으며, 각자 자신에게 맞는 영적인 길을 선택할 수 있다. 누군가가 당신이 믿을 수 있는 유일한 길을 알고 있다고 말한다면, 그는 선을 넘은 것이다. "두렵고 떨리는 마음으로 여러분 자신의 구원을 위해서 힘쓰십시오"(필립비서 2:12, 공동번역). 우리는 도움을 받을 수는 있지만 강요받을 수는 없다. 우리의 영적 발전은 각자의 내면에서 비롯된다.

우리에게는 성적인 경계선이 있고, 타인으로부터 안전하고 적절한 성적 행동에 대한 한계가 있다. 누구와 성적으로 상호 작용할지, 그리고 그 상호 작용의 범위는 어디까지인지 선택할 수 있다.

또한 우리에게는 관계적 경계선이 있다. 우리가 수행하는 역할은 다른 사람과의 적절한 상호 작용의 한계를 정의한다.

다음 장에서는 이러한 종류의 경계선을 살펴보고 더 자세히 정의하고자 한다. 그런데 왜 경계선에 대해 이렇게 많이 이야기할까? 경계선이 왜 그렇게 중요할까? 경계선은 우리 삶에 질서를 가져다준다. 경계선을 강화하는 법을 배우면 우리 자신과 타인과의 관계에 대해 더 명확한 감각을 얻게 된다. 경계선은 다른 사람들로부터 어떻게 대우받을지 결정하는 힘을 준다. 경계선을 잘 지킬 때 우리는 타인의 무지, 비열함, 무심함으로부터 자신을 보호할 것이며 보호할 수 있다는 놀라운 확신을 가질 수 있다.

접촉은 우리가 어디에서 시작하고 끝나는지를 말해 준다

경계선은 어떻게 발달하는가? 경계선은 유아기에 형성되기 시작한다. 건강한 가정에서 자란 아이는 개별성을 가지는 데 도움을 받아 다른 가족 구성원과 구별되는 고유한 자아 개념을 발달시킨다.

일찍이 로라와 베스는 가족으로부터 일관되게 건강하지 않은 경계선에 대한 메시지를 받았다. 베스에게는 자신과 다른 가치관과 관점을 가진 딸이 독립적으로 성장하는 것을 허용하지 않거나 허용할 수 없는 아버지가 있었다. 따라서 베스는 아버지와의 사이에 명확한 경계선이 없었다. 베스의 아버지는 딸에게 특정 방식으로 생각하고 행동하라고 강요함으로써 딸이 정서적 경계선을 발달시키지 못하게 했다. 그는 베스의 여성성을 부정함으로써 거식증에 빠지게 했고, 따라서 딸의 신체적 경계선을 침범했다. 그는 베스가 필요한 영양을 공급받지 못하도록 치료를 방해하고, 자신과 분리된 정체성을 발달시키게 하기는커녕 딸의 목숨을 위험에 빠뜨렸다. 베스의 아버지는 그녀와 밀착되어 있었다.

반면에 로라는 영유아기와 성장기 아이에게는 너무 먼 경직된 경계선에 노출되어 있었다. 어머니 몸의 일부였던 우리는 독립된 개체로 세상에 나온다. 우리는 자신에 대한 첫 번째 감각을 촉각에 의존한다. 접촉touching은 우리가 어디에 있는지, 어디에서 끝나는지를 알려 준다. 꼭 안아 주고 포옹하는 것은 우리가 누군가와 함께 어딘가에 속해 있다는 것을 알려 준다.

오늘날에는 놀라운 새로운 형태의 출산 방법이 확산되고 있다. 출산하고 나면 마사지 치료사가 오랫동안 엄마의 배 속에서 구부리고 있던 아기가 따뜻한 물 안에서 몸을 펼 수 있도록 도와준다. 치료사는 경직된 아기의 작은 팔다리를 조심스럽게 펴 주고 작은 근육을 부드럽게 마사지하면서 "어서 와, 아가야. 이게 바로 너란다. 우리는 네가 너 자신을 알 수 있도록 도울 거야. 우리는 너와 함께할 거야. 우리는 너에게 필요한 것을 알고 있단다"라고 말해 준다.

로라는 어린 시절부터 심각한 접촉 결핍을 겪었다. 베스가 경험한 밀착과 달리, 로라는 가족들이 각자 자신만의 경계선을 설정한 가정에서 살았다. 서로 멀리 떨어져 단절된 채로 지냈기 때문에 혼자서 자란 것 같았다. 열 살이 되었을 무렵, 오랫동안 외로움을 느꼈던 로라는 의붓아버지의 근친상간 행위에 도움을 요청할 생각을 전혀 하지 못했다. 그저 혼자서 해결해야 한다고 생각했다.

베스와 마찬가지로 로라도 자신의 경계선에 대한 감각이 없었다. 가족과의 건강한 신체적 · 정서적 접촉이 부족했기 때문에 자신의 경계선에 대한 감각과 이를 보호하는 방법을 배우지 못한 것이다.

내 행동을 참는다면 넌 괜찮아질 거야

근친상간은 신체적 · 정서적 · 성적 경계선을 심각하게 위반하는 행위다. 로라는 자신이 의붓아버지의 행동을 좋아하지 않는다는 걸 느꼈다. 그러나 가족들은 그녀의 감정에 관해 이야기하거나 돌보아 준 적이 없었다. 분리된 자신의 영역에서 각자 고난을 견디고, 감정에 관계 없이 의무를 다해야 했다.

로라의 의붓아버지는 그녀의 불편한 감정에도 불구하고 자신의 요구에 응하도록 강요했다. 내면의 메시지에 반대되는 행동을 강요당할 때 우리의 감정은 점점 더 견디기 어려워진다. 감정이 친구에서 고통만 가져다주는 배신자로 서서히 변해 간다. 이러한 현상은 수년에 걸쳐 일어난다. 근친상간의 영향은 우리 안에서 해로운 분열, 즉 감정에 반하는 행동을 학습함으로써 생기는 분열을 일으키며, 이는 매우 심각한 피해 중 하나다.

만약 당신이 역기능 가정에서 자랐다면 경계선 발달에 대한 도움을 거의 받지 못했을 가능성이 높다. 자신의 경계선에 대한 명확한 감각 없이 자랐을 수도 있다. 어쩌면 다른 사람들이 당신의 경계선을 넘어와도 그냥 내버려 두라고 배웠을 수도 있다.

우리는 어렸을 때 대우받던 방식을 통해 우리의 경계선에 대해 배운다. 그런 다음 다른 사람들이 우리를 대하는 방식에 따라 우리의 경계선이 어디인지 알게 된다. 사람들은 대부분 우리가 경계선을 표시하면 그것을 존중하지만, 어떤 사람들의 경우에는 더 적극적으로 우리의 경계선을 보호해야 한다.

경계선은 유지 관리가 필요하다

우리 몸의 피부는 신체적 경계선을 보여 주는 명백한 예다. 정서적·관계적 경계선은 신체적 경계선보다 덜 명확할 수 있지만 그에 못지않게 중요하다.

만약 피부가 긁혀서 갈라지면 감염에 취약해진다. 마찬가지로 정서적·관계적 경계선이 허물어지면 피해를 보기가 쉽다. 보이지 않는 이러한 경계선이 타인의 무분별한 행동이나 침입으로 침범당하는 것을 경계선 위반이라고 한다.

울타리와 마찬가지로 경계선도 유지 관리가 필요하다. 어떤 사람들은 담쟁이덩굴과 같다. 그들은 우리의 경계선을 계속 기어오르거나 통과하려고 한다. 우리 삶에 머물면서 계속 가지치기를 하고 잡초 같은 행동을 하는 이런 사람들은 마당 밖으로 던져 버려야 한다.

경계선이란 어떤 것인가? 경직되어 있거나 딱딱한 것인가? 만약 다른 사람의 적대적인 비평을 제한하는 경계선을 가지고 있다면, 그 경계선은 칭찬에도 담을 쌓고 있는 것인가?

경계선은 다양한 모양과 크기로 구분된다. 벽돌로 만든 벽처럼 단단할 수도 있고, 비닐봉지처럼 유연할 수도 있다. 납으로 만든 방패처럼 뚫을 수 없거나, 체인으로 연결된 울타리처럼 투과성이 있을 수도 있다. 혹은 일부는 투명하고, 일부는 불투명할 수도 있다. 사람들이 소리를 질러도 들을 수 없을 만큼 멀리 떨어져 있을 수도 있고, 또는 그루초 마르크스Groucho Marx의 말처럼 "내가 조금만 더 가까웠더라면 당신 뒤에 있었을 것"이라고 할 만큼 매우 가까울 수도 있다. 이후 6장에서 서로 다른 경계선에 대해 자세히 살펴볼 것이다.

어느 국가나 문화권에서는 건강한 경계선으로 여겨지는 것이 다른 문화권에서는 오해받거나 두려운 대상일 수 있다. 미국 백인들이 경계선 위반으로 해석하는 행동이 아메리카 원주민 사회에서는 일반적인 관습일 수 있다. 반대로 미국 시민이 자신의 국경 안에서 관습처럼 여기는 익숙한 행동으로 인해 무의식적으로 다른 나라에서 경계선을 침범할 수도 있다.

최근 굿윌 게임즈Goodwill Games 자원봉사자 교육 세션에서 다양한 연령과 배경을 가진 약 2,000명의 미국인으로 구성된 이질적 그룹heterogeneous group에 일련의 가치에 대해 순위를 매기도록 요청했다. 몇 가지 예외를 제외하고 정직, 성장, 독립이 상위 세 가지 가치로 나타났다. 20개 가치 목록의 최하위에는 격식, 순종, 전통이 있었다. 세계의 다른 문화권에서는 순서를 바꿔 격식과 전통을 최상위에, 정직과 독립을 최하위에 둘 수도 있다.

이러한 기본적인 차이가 경계선의 충돌을 일으킬 수 있다. 낯선 사람과 처음 접촉할 때 손을 내밀고 이름을 부르며 달려드는 개방적인 미국인의 행동은 격식을 중시하는 러시아 문화에 위배된다. 미국인은 러시아인의 강한 공동체 중심 가치를 개인의 독립성이 결여된 것으로 보기도 한다. 한편, 러시아인들은 미국인의 직설적인 태도를 무례하고 교만하게 여길 수 있다. 경계선은 어느 정도는 우리가 살고 있는 문화의 가치에 영향을 받는다. 다른 문화와 교류할 때는 이러한 차이에 민감하게 반응하고, 양쪽 모두 나쁜 의도가 아닌 무지로 인해 무의식적으로 경계선을 넘을 수 있다는 점을 기억하는 것이 중요하다.

나는 당신이 아니다

정서적 건강은 건강한 경계선과 관련이 있다. 심각한 역기능 가정에서 자란 사람이 경계선을 사용하는 방법을 배우는 것은 생존 자체에 대한 기존의 이해를 위협하는 것과 같을 수 있다. 그러나 결국 우리는 자신이 다른 사람과 명확하게 분리되어 있지만 너무 멀리 떨어져 있지는 않다는 것을 알게 되고, 명확한 경계선이 우리를 건강하고 행복하게 만든다는 것을 깨닫게 된다. 명확한 경계선은 허용할 것과 차단할 것을 선택할 수 있을 만큼 충분히 유연하다. 이는 비열함과 적대감을 배제하고, 애정과 친절과 긍정적인 존중은 수용한다.

당신의 경계선은 어떠한가? 자신의 한계성과 고유성uniqueness에 대한 감각을 가지고 있는가? 자신의 한계 안에서 편안함을 느끼는가?

연습 1.1 경계선에 대한 그림 그리기

준비물: 8m 길이 끈

1. 넓은 방의 바닥 중앙에 끈으로 원을 만들고, 원의 한가운데에 선다. 원 밖에 있는 모든 것이 내가 아니라고 상상해 보라. 반대로 원 안에 있는 모든 것이 자신이라고 상상해 보라.

2. 원 안을 채우는 것이 무엇인지 생각해 보라. 당신이 신경을 쓰는 것은 무엇인가? 당신을 좌절시키는 것은 무엇인가? 당신은 무엇을 좋아하는가? 무엇을 싫어하는가? 무엇을 중요하게 생각하는가? 가치 있게 여기는 것은 무엇인가? 당신은 무엇을 믿는가? 당신의 매력은 무엇인가? 주로 무슨 생각을 하는가? 당신은 어떤 사람인가? 당신은 누구인가?
3. 위의 질문에 대한 답변을 작성해 보고, 그 답변에 대해 친구와 토론해 보라. 수많은 것이 당신을 다른 사람들과 차별화한다. 이런 것에 대해 더 많이 알수록 자기-개념이 더 확고해진다.

선택사항 a: 이 질문에 대한 답을 써보라.
선택사항 b: 이 질문과 답에 대해 친구와 함께 토론해 보라.

연습 1.2 경계선에 대한 그림 그리기

준비물: 잡지 여러 권, 종이봉투, 접착제

1. 잡지에서 외부의 나, 세상에 보이는 나를 묘사하는 그림이나 단어를 오려 종이봉투에 붙인다.
2. 종이봉투 안에는 자신의 내면을 묘사하는 그림이나 단어를 붙인다.
3. 완성한 후 종이봉투 안의 그림이나 단어를 봉투 밖의 그림이나 단어와 비교해 보라. 서로 다른 두 사람을 묘사하고 있는가?
4. 발견한 내용을 친구와 이야기해 보라.

연습 1.3 경계선 퀴즈

1. 다음 질문을 읽고 알맞은 답을 고르라.

(1) 오늘날 치료사와 회복 중인 사람들이 사용하는 '경계선'이라는 단어는 다음 중 무엇을 의미하는가?

① 신체적 · 성적 한계선

② 정서적 · 정신적 한계선

③ 관계적 한계선

④ 위의 모든 항목

(2) '경계선 위반'이란 무엇인가?

① 개인의 한계선을 넘어선 것

② 자신의 영역을 확장한 것

③ 자신의 방어에 대한 상대방의 사소한 침해

④ 모두 해당하지 않음

(3) 다음 중 경계선 위반이 초래하는 영향은 무엇인가?

① 특별한 영향 없음

② 정서적 충격의 여파

③ 매우 돈독한 관계에는 해가 되지 않음

④ 위반의 피해자에게만 해당하는 문제

(4) 다음 중 경계선의 특징은 무엇인가?

① 일반적으로 유연함

② 일반적으로 경직됨

③ 변경 불가능

④ 사람마다 다름

2. 다음 중 경계선 위반과 관련이 있는 것은 무엇인가?

① 할아버지가 어린 짐을 데리고 낚시하러 간다(짐은 할아버지와 함께 있는 것을 좋아한다).

② 에스더가 베티에게서 들은 비밀을 메리에게 말한다.

③ 치료사가 당신에게 여행을 가자고 제안한다.

④ 상사가 당신의 사생활을 자세하게 알고 싶어 한다.

⑤ 상사가 당신의 어깨에 기대어 운다.

⑥ 치료사가 함께 여행 가자는 당신의 제안을 수락한다.

⑦ 엄마가 어린 자녀에게 아빠와의 문제에 관해 이야기한다.

⑧ 상사가 당신에게 악수를 청한다.

⑨ 새 이웃이 지나가면서 당신의 엉덩이를 툭 친다.

⑩ 엄마가 당신에게 바보 멍청이라고 말한다.

정답은 다음과 같다. **[연습 1.3]** **1.** (1) ④, (2) ①, (3) ②, (4) ④ **2.** ①과 ⑧을 제외한 모든 항목

2
보이는 경계선과 보이지 않는 경계선

로라의 이야기

열다섯 살 때 있었던 짧은 사건이 기억납니다. 시내를 걷고 있는데 낯선 남자가 내 옆으로 걸어오기 시작했어요. 그는 나보다 훨씬 나이가 많고 지저분해 보였는데, 내 팔과 어깨와 머리와 허리를 만지는 시늉을 하며 말을 걸기 시작했어요.

나는 그 상황에 어떻게 대처해야 할지 전혀 몰랐어요. 그동안 모든 사람에게 예의를 갖추라고 배웠거든요. 다른 사람이 나를 만지는 것을 제한하거나 막을 수 있다는 생각을 전혀 해 본 적이 없었어요. 어떻게 나 자신을 보호해야 하는지는 물론이고, 심지어 내가 나를 보호하는 것이 선택 사항이라는 사실조차 몰랐죠.

그 남자와 나란히 걸어가게 되었는데, 그는 갈수록 더 대담해졌어요. 어느 순간 내 가슴을 만지고 있었고, 나는 여전히 그를 친절하게 대하며 그가 하는 말을 정중하게 들으려고 애쓰고 있었어요. 하지만 결국 너무 불편해져서 그에게 어딜 좀 가야 한다고 말했어요. 그러고는 백화점으로 들어갔죠. 이 일을 엄마한테 얘기할 생각은 전혀 하지 못했어요.

고등학교 선생님 중에 엘리엇이라는 선생님이 있었는데, 4년 동안 매일 그분의 수업을 들었죠. 엘리엇 선생님은 학생들 사이에서 악명이 높았어요. 여자아이들이 가까이 서 있으면 몸을 만진다는 소문이 자자했죠. 한번은 같은 반 친구 중 한 명이 질문하려고 교탁 가까이에 갔을 때, 이야기하는 내내 손으로 친구의 다리를 쓰다듬었어요. 또 한번은 내가 친구와 함께 선생님 책상 앞에 서 있었는데 그분이 계속 친구의 가슴을 쳐다봤어요. 그러더니 고개를 돌려 나에게 윙크하더군요. 이걸 장난으로 여겨야 했을까요? 재미있어하며 웃어야 했을까요?

나는 그 선생님이 나를 만지는 것이 싫어서 교탁 가까이 가야 할 때면 최대한 멀리 떨어져 있었어요. 선생님은 내 친구를 보던 것처럼 나를 쳐다봤어요. 선생님은 우리 부모님의 친구였지만 나도 예외가 아니었던 거지요.

선생님은 하도 많은 여학생을 만지고 쳐다봐서 상급생들은 갓 입학한 신입생들에게 그에 대해 경고할 정도였어요. 돌이켜보면 그렇게 많은 여학생이 선생님의 전화번호를 알고 있었는데도 학부모들에게 유출되지 않았다는 사실이 놀라울 정도예요. 수십 년간 이런 식으로 행동했는데 어떻게 학교에서는 이를 알아채고 제지하지 않았을까요?

떠오르는 또 다른 장면은 어릴 때 본 영화에 나온 거예요. 한 여자가 남자에게 화를 내며 등을 돌리거나 그에게서 멀어지는 장면이죠. 그러면 남자는 여자를 쫓아와 붙잡고는 그녀의 의지를 거슬러 키스해요. 여자는 몸부림치다가 갑자기 항복하고는 남자를 껴안아요. 나는 자라면서 남자가 나를 만지고 싶어 하면 따라야 한다는 말을 많이 들었어요. 내가 싫다고 말할 수 있다는 걸 아무도 가르쳐 주지 않았죠.

대학교 2학년 때, 4학년 선배와 데이트를 했어요. 우리는 자동차 영화관에 갔어요. 영화를 보는 동안 선배는 위스키로 짐작되는 술을 꿀꺽꿀꺽 마시면서 내게도 마시고 싶은지 계속 물었죠. 나는 의붓아버지가 술을 마시던 게 생각나 한 모금도 마실 수 없었어요. 그러다가 그가 나를 만지기 시작했어요. 끔찍했지만 선택의 여지가 없었어요. 그래서 참았죠. 적어도 내가 지내던 기숙사에는 통금 시간이 있었으니까요. 그게 내가 생각할 수 있는 전부였어요. 그가 나를 기숙사에 데려다주었을 때 우리는 기숙사 문이 닫히기 직전까지 그의 트럭에 앉아 있었어요. 나는 기숙사 건물을 보고 있었고, 그는 저항하는 나를 밀어붙였죠. 마침 기숙사에서 문 닫기 5분 전이라는 경고등을 깜빡인 덕분에 그로부터 벗어날 수 있었어요. 그 일이 있고 난 뒤 2년 동안 데이트를 하지 않았어요.

내가 아는 남자를 다루는 유일한 방법은 남자를 멀리하는 것뿐이었어요. 이런 이야기를 어떻게 나누어야 하는지를 몰라서 누구한테 말해 본 적도 없어요. 그리고 선생님이든, 멘토든 누구도 내게 말해 준 사람이 없었어요. 허락 없이 내 몸을 만지는 것을 제한할 권리가 내게 있다는 것을요.

대학 4학년 때 여행을 좀 다녔어요. 로마에서 한 남자를 만났는데, 나에게 매우 친절했어요. 하루는 그가 나를 데리고 관광한 뒤 저녁을 먹으러 갔어요. 그는 함께 지내는 사촌을 소개해 주고 싶다고 했는데, 그의 아파트에 도착했을 때 내가 본 사촌은 침대 옆 액자 속 사진에 담긴 모습뿐이었어요. 나는 내가 로마 어디에 있는지도 몰랐고 이탈리아어도 서툴렀지만, 그의 아파트에서 뛰쳐나와 계단을 내려갔어요. 그는 나를 쫓아와서 내가 묵는 호텔로 데려다주겠다고 했어요. 나는 알겠다고 했죠.

호텔로 가는 길에 그는 차를 세우더니 나에게 몸을 밀착시켰어요. 나는 참았어요. 그의 아파트에서는 뛰쳐나왔는데, 차에서는 왜 그러지 못했는지 모르겠어요. 그의 아파트에서 더 두려움을 느꼈거나, 혹은 호텔로 돌아가는 중이었기 때문에 견딜 수 있다고 느꼈는지도 모르겠어요. 어쨌든 나는 그가 원하는 것을 얻을 때까지 압박을 참았어요. 피부와 피부가 맞닿은 것이 아니고, 그가 나에게 만지기를 요구하지도 않았고, 그는 삽입하지 않고도 절정에 도달할 수 있었기 때문에 그렇게 나쁘지는 않다고 생각했어요. 그가 끝낼 때까지 나는 계속 다른 생각을 했어요. 내가 가장 싫었던 것은 새벽 3시 30분에 호텔에 들어갔을 때 본 호텔 관리인의 표정이었죠. 마치 나를 불결한 사람처럼 쳐다보는 것 같았어요. 나는 정말 결백하다고 말하고 싶었죠.

조지아의 이야기

어린 시절을 생각할 때 비디오처럼 선명하게 떠오르는 시각적 기억은 없어요. 다만 내 경험이 몸에 기록된 것 같아서, 특정 나이에 집중하면 몸이 당시와 관련된 인식을 일깨워 줘요.

나는 오빠와 관련해 매우 강렬한 기억이 있어요. 오빠가 나를 성추행하기 시작했을 때 나는 유아기였고, 그는 여덟 살이었을 거예요. 30년이 지난 지금도 이 이야기를 하면 죽을 것 같은 느낌이 드는 걸 보면, 당시 오빠가 내게 이 사실을 누군가에게 말하면 죽이겠다고 협박한 게 틀림없어요.

그가 구체적으로 무엇을 했는지는 확신할 수 없는데, 바로 그게 미칠 것 같은 지점이에요. 끔찍한 일이 일어났다는 건 알지만, 누군가가 나에게 무슨 일이냐고 물으면 사실을 말하고 있다고 설득할 만큼 충분히 세부적인 내용을 콕 집어 기억해 낼 수가 없으니까요. 가끔은 너무 모호해서 나조차도 내가 지어낸 이야기처럼 느껴져요.

오빠는 내 알몸에 그의 알몸을 비비면서 발기하고 절정에 다다른 것이 틀림없어요. 나는 꽤 어린데도 성 지식이 많았기 때문에 그걸 알았을 거예요. 그는 손가락으로 내 중요 부위를 찌른 게 틀림없어요. 나는 내 몸의 특정 부위에서 깊은 수치심을 느꼈어요. 이런 일이 수년 동안 계속되었다고 확신해요.

결국 치료를 받으면서 부모님에게 이 사실을 말했더니 "왜 진작 말하지 않았니?"라고 하셨어요. 그 말을 들었을 때 비명을 지르고 싶었어요. 절망감에 빠졌죠. "내가 언제 말해야 했죠? 엄마가 나를 때릴 때요? 그때가 말하기에 적절한 때였나요? 아니면 엄마가 신경질적으로 화를 낼 때요?"라고 소리치고 싶었어요.

나는 부모님의 말에 너무 좌절해서 그때 내 상황이 어땠는지 더는 말할 수 없었어요. 내가 그 집에서 어떤 상황이었는지 부모님은 왜 몰랐을까요?

어린 시절에 나는 해야 할 일이 너무 많아서 항상 일에 짓눌려 살았어요. 동생들을 돌보고 내게는 아무 의미도 없는 집안일을 하느라 정신이 없었죠. 집은 항상 지저분했어요. 열 살밖에 안 되었지만 어떻게든 집 안을 깨끗이 청소하고, 잔디를 깎고, 여동생들을 잘 돌보려고 노력했죠.

나는 엄마가 알아차리길 계속 기대했어요. 내 일이 너무 과하다는 걸 알아주길 바랐죠. 오빠가 나에게 한 짓도 알아차리길 희망했어요. 엄마가 알았으면 했어요. 그래서 엄마와 대화를 시도하고, 오빠가 나한테 무슨 짓을 하고 있는지 말해도 안전한지 시험해 보기도 했어요. 하지만 매번 보이는 엄마의 반응은 아직 안심할 수 없다는 메시지와 같았어요.

나는 치료 중에 엄마에게 이렇게 외치고 싶었어요. "오빠와의 상황을 엄마가 처리해 줄 수 있다고 믿을 수 있게끔 나에게 무엇을 했나요? 오히려 그것 때문에 날 때렸을지도 모르잖아요." 그리고 아빠에게는 "아빠, 내가 아빠와 말할 수 있는 건 언제였죠? 아빠는 하루에 14시간씩 일했어요. 집에 있는 적이 없었죠. 아빠가 없는 동안 엄마가 무얼 했는지 전혀 몰랐잖아요. 엄마에게서 벗어나려고 그렇게 열심히 일했나요? 만약 엄마와 함께 있고 싶지 않아서 그랬다면, 무방비 상태인 여섯 아이를 엄마와 함께 남겨둔 걸 어떻게 정당화할 건가요?"라고 소리치고 싶었어요.

나는 부모님에게 "우리 집은 안전하고, 평화롭고, 우리가 겪는 일을 이야기하도록 격려해 주기 때문에 오빠가 내 몸 위로 기어올라 내 몸에 파고드는 것에 큰 충격을 받아 정신이 나갔어요!"라는 것이 진정으로 내가 하고 싶었던 말이었다고 외치고 싶었어요.

도나의 이야기

아버지가 나를 애무하기 시작했을 때가 아마 서너 살쯤이었던 것 같아요. 전후의 일은 기억나지만, 중간은 기억나지 않아요. 아버지가 나를 트럭에 태워 강으로 데려갔던 일이 생각나요. 강에 있는 보트를 보여 주려고 했죠. 그러고는 집에서 아버지가 제 속옷을 갈아입혔던 게 떠올라요. 엄마가 침실로 들어와 무슨 일이냐고 물었고, 아버지는 내게 작은 사고가 생겨 옷을 갈아입히러 집에 오느라 강에 가지 못했다고 말했어요.

언제 무슨 일이 있었는지 기억하려고 시도하면 혼란스러워요. 부모님은 별거했다가 다시 합쳤어요. 사촌 두 명이 아버지가 자신들을 만졌다고 말해서 숙모와 숙부, 사촌들과는 더 이상 교류하지 않아요. 아버지는 동네에서 여자아이를 성추행한 혐의로 기소되었다가 풀려나기도 했죠. 왜 엄마는 나에게 무슨 일이 일어날지 전혀 생각하지 못했을까요?

내가 아홉 살이 되었을 때 아버지가 다시 나를 괴롭히기 시작했어요. 엄마에게 말했을 때가 열두 살이었던 것 같아요. 엄마는 아버지에게 이야기했고 아버지가 다시는 그러지 않기로 약속했다고 말했어요. 엄마는 아버지를 믿었어요. 나도 믿고 싶었지만, 아버지가 다시 그러리란 걸 곧 알게 됐죠.

그럼에도 나는 아버지를 정말 사랑했어요. 엄마는 나를 위해 시간을 내준 적이 없었거든요. 엄마가 일하지 않을 때, 그것도 회사 임원으로서 일하지 않을 때 신경 쓰는 것은 헤어스타일과 옷, 화장하는 것뿐이었어요. 다른 것에 신경을 쓰기엔 너무 피곤한 것 같았어요. 내가 귀찮게 하는 걸 원치 않았죠.

흔적은 남는다

피부는 신체적 경계선이자 신체를 온전히 유지하는 장벽이다. 베거나 긁히는 것이 손상을 일으키는 유일한 신체적 피해는 아니다. 그릇된 이유로 잘못된 손길이 신체에 닿는 것만으로도 해가 될 수 있다. 이에 대해 누군가는 신체에 긁힘이 발생하지 않으면 해가 되지 않는다고 주장할 수도 있다. 그러나 나는 동의하지 않는다. 긁힘이 없다고 해도 흔적은 남는다. 어떠한 신체적 위반도 개인의 정서적 경계선에 대한 위반에 해당한다.

이 장의 뒷부분에서 경계선 위반에 대한 다양한 유형의 피해에 대해 논의하겠다. 여기에서는 경계선의 두 가지 형태와 두 가지 범주의 위반에 대해 살펴보겠다.

우리에게는 후진과 전진 기어가 있다

경계선에는 신체적 경계선과 정서적 경계선이라는 두 가지 주된 형태가 있다. 신체적 경계선은 피부로 표시되며, 정서적 경계선은 나이, 역할, 주변 사람들과의 관계, 안전에 대한 요구 사항, 대우받고 싶은 방식에 대한 선택에 따라 달라진다.

나를 만질 수 있는 사람, 만지는 방식, 만지는 장소를 정함으로써 내 신체적 경계선을 설정한다. 사람들이 얼마나 가까이 다가오도록 허용할지 결정한다. 전진 기어뿐 아니라 후진 기어도 있으므로 내 개인 영역을 침범하는 사람으로부터 물러날 수도 있다.

나는 사람들이 나를 대하는 방식을 선택함으로써 나의 정서적 경계선을 설정한다. 한 가지 방법은 사람들이 나에게 할 수 있는 말에 제한을 두는 것이다. 가까운 사람들이 건강하고 안전하게 분노를 표현하는 것은 허용하지만, 부적절한 사람의 부적절한 분노는 허용하지 않는다. 버스에 탄 낯선 사람이 나에게 화풀이를 할 수는 없다. 그런 경우 필요하다면 좌석을 바꾸거나 운전기사에게 도움을 요청할 것이다.

나는 다른 사람들로부터 받아들일 수 있는 개인적인 견해의 범위를 결정한다. 예를 들어 우리 이모 중 한 명은 함께 있는 사람들의 신체에 대해 쉽게 언급한다. 한번은 사촌과 함께 레스토랑에서 저녁 식사를 하는데 낯선 사람이 우리 식탁 근처에 왔다. 그러자 이모는 "우린 식사 중이에요. 우리 중 누구도 먹을 필요가 없어 보이지만 말이에요"라고 말했다. 나는 이모를 정말 사랑하기 때문에 이모의 행동을 이해하려고 했다. 하지만 나중에 생각해 보니 이모가 그런 말을 했을 때 기분이 정말 나빴고, 이모가 그런 말을 할 때 나를 포함시키지 않으면 좋겠다고 생각했다는 것을 깨달았다. 때때로 우리는 누군가가 어떤 행동을 하는 것을 한 차례 허용했다면 다시 그 행동을 할 때도 내버려 둬야 한다고 생각한다. 그러나 마음을 바꿔서 누군가가 한 말이 마음에 들지 않았다는 것을 발견하고 새로운 행동 기준을 세울 수도 있다.

나는 함께 일하는 남성이나 우연히 만나는 남성으로부터 성적인 발언이나 농담을 듣지 않는다. 또한 다른 사람에게 내 개인 정보를 얼마만큼 공개할지 결정한다. 내가 공개한 정보를 다른 사람들이 어떻게 대하는지 평가한 다음 그들을 더 신뢰할지를 결정한다. 그리고 사적인 질문에 관해서는 어떤 질문에 기꺼이 대답하고 하지 않을지를 결정한다.

사랑하는 이모에게 아주 사적인 이야기를 한 적이 있다. 이모는 내가 신뢰하지 않는 친척들에게 차례로 그 내용을 부정확하게 전달했다. 앞으로는 이모에게 나의 사적인 이야기를 할 때 신중히 분별해서 말할 것이다.

한번은 내가 어떤 한 사람에게 마음을 열었는데, 그 사람이 내가 자신을 가지고 놀고 있다는 식으로 생각한다는 것을 간접적으로 알게 되었다. 나는 그녀와 대화하는 동안 그런 생각을 전혀 알아차리지 못했다. 그녀는 자신의 감정을 직접적으로 표현할 줄 몰랐기 때문에 나는 그녀의 진짜 반응을 알 수 없었다. 또한 이 발견으로 그녀가 내가 말한 것의 의미를 바꾸어 받아들인다는 것도 알게 되었다. 따라서 나는 그녀가 어떻게 생각할지를 통제할 수도 없고, 나에게 자신의 반응을 이야기할 것이라고 믿을 수도 없었다. 게다가 내가 말하는 것을 왜곡해서 타인에게 전달할 것이 분명하기에 더는 그녀와 관계를 이어 갈 수 없었다.

정서적 경계선을 설정한다는 것은 어떤 관계를 발전시키고 지속할지, 어떤 사람을 신뢰할 수 없어 멀리할지 결정하는 것을 포함한다.

주요 위반

위반은 침입 위반과 먼 거리 위반의 두 가지 주요 범주로 나눈다. 본 장의 시작 부분에서 로라, 조지아, 도나는 자신들의 신체적 침입 위반에 관해 설명했다. 앞서 1장에서는 베스가 정서적 침입에 대해, 로라는 신체적 및 정서적 먼 거리 위반에 관해 설명했다.

침입 위반

침입 위반violations of intrusion은 신체적 또는 정서적 경계선을 침범할 때 발생한다. 근친상간은 침입 위반이다. 또 다른 침입 위반에는 부적절한 사적인 질문, 부적절한 신체 접촉, 다른 사람의 생각이나 신념 또는 감정을 통제하려는 시도 등이 포함된다.

적절한 친밀감은 맥락에 따라, 관계의 유형에 따라 정의할 수 있다. 남편과 아내 사이에서 추구하는 친밀감의 유형은 부모와 자녀 사이에는 맞지 않는다. 3장에서는 관계 유형에 따라 결정되는 한계선limits을 살펴볼 것이다.

조지아의 오빠는 알몸으로 그녀의 몸 위에 누웠고, 그녀를 성적으로 만졌다. 도나의 아버지는 도나뿐 아니라 다른 아이들과 성관계를 가졌다. 로라의 선생님 엘리엇은 자신이 맡은 학급의 여학생들을 만졌다. 각각의 경우에서 이 남성들은 허용되는 관계의 한계선을 넘어서는 행동을 했다. 이는 신체적 침입 위반에 해당한다. 따라서 신체적 침입 위반에는 관계에서 적절한 수준을 넘어서는 신체적 친밀감도 포함한다.

뜨개질 모임에 새로 온 사람이 나에게 낙태를 한 적이 있냐고 물었다. 이는 나의 기준에서 침입 위반에 해당한다. 나는 전에 그녀를 만난 적이 없었다. 그렇게 사적인 이야기를 할 만한 근거도 없었다. 타인의 경솔함과 인식 부족으로 인한 결과를 내가 견딜 필요는 없다. 누군가가 관계의 맥락에서 부적절한 사적인 질문을 한다면 대답할 필요가 없다.

나는 낙태한 적이 없기 때문에 '아니오'라고 말할 수도 있었지만, 그런 질문 자체가 괜찮다고 생각할 만한 메시지를 주고 싶지 않았다. '왜 물어보나요?'라고 말할 수도 있었지만, 질문의 부적절함 때문에 그녀와 대화를 나누기가 꺼려졌다. 나는 "그런 얘기를 나눌 만큼 당신을 잘 알지 못합니다"라고 대답했다. 그녀는 약간 놀라는 표정을 지으며 다른 사람에게로 시선을 돌렸고 나머지 모임 시간 동안 나를 피했지만, 나는 개의치 않았다. 경계선을 잘 지키지 않는 사람은 내게 필요 없기 때문이다.

먼 거리 위반

먼 거리(거리 두기) 위반violations of distance은 관계의 적합한 수준보다 친밀감이 낮을 때, 친밀감을 기대할 권리를 가진 사람이 과도하게 배제되거나 단절될 때 발생한다.

친밀감이 관계의 적절한 부분인데도 친밀감이 일어나지 않는다면 그 관계는 매우 거리감이 있는 것이다. 다시 말하지만, 맥락은 위반을 정의하는 열쇠다. 너무 먼 거리는 해롭다. 아이들의 경우 자신을 정의하기 위해 안전한 신체 접촉이 필요하다. 포옹, 안아 주기, 꼭 붙어 있기, 쓰다듬기 등은 어린아이의 신체적 및 정서적 발달에 중요하다. 어른들 역시 접촉이 필요하다.

다이앤 애커먼Diane Ackerman은 『감각의 박물학A Natural History of the Senses』에서 아이를 많이 안아 줄수록 경각심alertness과 인지 발달 수준이 높아진다는 것과 신체적 접촉을 주고받지 않으면 모든 연령대의 사람이 병에 걸릴 수 있다는 실험 결과를 보고했다.[1)]

본 장의 시작 부분에서 로라는 자신의 의지에 반해 신체 접촉을 당한 일련의 사건을 이야기했다. 왜 그녀는 남자들을 막거나, 밖으로 나가 버리거나, 싫다고 거부하지 않았을까? 얼마 전 마음에 드는 티셔츠를 장만했다. 거기에는 'NO라는 단어에서 당신이 이해하지 못하는 점은 무엇입니까?'라고 적혀 있다.

건강한 정서적 경계선을 가질 때 신체적 경계선도 보호할 수 있다. 그러나 신체적 경계선과 정서적 경계선 발달은 침입 위반뿐 아니라 먼 거리 위반에 의해서도 해를 입는다.

우리 자신을 보호하는 능력은 경계선의 강도와 관련 있다. 명확한 정서적 경계선을 발달시키지 않으면 신체적 침해에 취약해진다. 로라, 조지아, 도나는 어릴 때 안전한 신체적 애정을 받지 못했다. 그들은 정서적으로도 방치되었다. 조지아의 어머니는 화를 잘 내고 신체적으로 학대했으며, 조지아의 아버지와 도나의 어머니는 집을 떠나 있었고 일에만 몰두했다. 신체적 침입이나 근친상간은 친밀감이 아니다. 이 경우에는 피해자가 정서적으로 사용할 수 있는 것이 없다. 따라서 침입당하

1) Diane Ackerman, "The Power of Touch," *Parade Magazine*, March 25, 1990, p. 5.

는 동안 정서적으로 버림받는다.

로라는 가족이 감정에 관해 이야기하는 것을 격려해 주지 않았으므로 내면의 정보를 자신을 지키고 돌보는 데 사용하는 방법을 배우지 못했다. 조지아와 도나는 정서적으로 버림받았고 또 감정을 자각하는 데 아무런 도움을 받지 못했기 때문에 감정이 행동 방침을 결정하는 데 사용될 수 있다는 사실을 전혀 배우지 못했다.

우리의 감정은 풍부한 정보를 가지고 있다

소리를 지를 때, 귀는 우리가 소리를 냈다는 즉각적인 피드백을 제공한다. 청각 손상이 없는 한 이 소리를 들음으로써 소리를 질렀다는 정보를 얻는다. 이 정보를 바탕으로 우리는 우리가 의미하는 바를 정확하게 전달하기 위해 소리를 수정할 수 있다.

마찬가지로 우리가 무언가를 느낄 때도 반응, 즉 피드백이 필요하다. 피드백이 정확할 때 우리의 감정은 더 명확해진다.

메아리가 나의 말을 나에게 되돌려 주는 것처럼 따뜻한 반응은 우리의 감정을 되살려 준다. 우리 자신을 더 잘 알게 된다. 효과적인 피드백과 자신을 더 잘 알게 되는 이 조합이 정서적 경계선을 만든다. 그것은 내가 누구인지에 대한 원circle을 채우고, 원의 외부에 내가 아닌 공간을 만든다.

감정은 세상에 어떻게 반응할지에 대한 풍부한 정보를 담고 있다. 감정은 무언가가 위험하거나 안전해 보일 때를 알려 준다. 우리는 어린 시절에 언어를 쓰고 말하는 것을 배우고, 감정을 다루는 법을 배운다. 다른 사람들이 자신의 감정을 다루는 모습을 관찰함으로써, 그리고 우리의 감정이 그에 반응하는 방식을 통해 그 방법을 배운다.

"무서워요!" 첫 등교를 앞둔 다섯 살 된 아이가 말한다.
"아니, 그렇지 않아. 이건 재미있어." 무지한 아빠가 말한다.

"엄마, 나 다쳤어요!" 네 살짜리 아이가 상처 난 팔꿈치를 잡고 달려온다.
"오, 어디 보자." 엄마가 따뜻하게 대답한다. "다쳐서 매우 아팠겠구나." 엄마는 아이를 품에 꼭 안고서 집 안으로 들어간다.

일곱 살 아이가 표정이 굳은 채 입을 삐죽거리며 말한다.
"스카우트 모임에 가기 싫어요."

당신이 일곱 살이라고 가정하고, 아래에 있는 두 가지 부모 반응을 비교해 보라.

- "무조건 가야지. 스카우트에서 남자가 되는 법을 가르쳐 줄 거야."
- "매우 언짢은 표정이구나. 왜 가기 싫은지 말해 줄 수 있겠니?"

감정은 우리를 의미와 연결한다

우리는 우리가 얻는 반응을 통해 정서적 경계선을 학습한다. 자신의 감정이 인정받지 못하고 가혹하거나 엄격한 메시지를 받으면 그 감정을 밀어내 감정과 자신을 분리함으로써 감정이 주는 가치 있는 정보를 무시하는 법을 배우게 된다.

감정을 존중하고 따뜻하게 대할 때, 감정에 관해 이야기하도록 격려받고 감정의 정체를 파악하도록 도움을 받을 때, 부모가 우리의 언어와 표정과 몸짓과 관련된 감정을 올바르게 해석할 때 자기 내면에 대한 이해가 커진다. 감정에 대해 배우고 감정과 연결되는 것은 온전한 경계선 발달을 위해 필수적이다.

지금 주변을 둘러보라. 창밖에 있는 나무나 벽에 걸린 그림을 보라. 그리고 그에 대한 자신의 느낌과 연결해 보라. 자신의 반응에 마음을 열어 보라. 당신은 감정을 통해 그것이 나에게 주는 의미를 발견할 수 있을 것이다. 아무런 감정이 생기지 않는다면 그것과 연결되지 않은 것이다. 그것은 당신에게 빈 벽과 같을 것이다.

나는 동네 할인점 이름이 빨간 글씨로 크게 적힌 비닐 쇼핑백을 가지고 있다. 그 가게는 갈 때마다 줄을 서서 한참 기다려야 한다. 그 가방을 보면 다소 부정적인 느낌을 받는다. 나는 내가 느끼는 감정을 통해 그 가방이 내게 어떤 의미인지를 발견한다. 나한테는 디즈니월드 로고가 새겨진 비닐 쇼핑백이 하나 더 있다. 나는 그곳을 좋아해서 그 가방을 사용할 때마다 기분이 좋아진다.

우리의 감정은 다른 사람과 맺는 관계의 본질에 대한 풍부한 의미를 담고 있다. 이러한 감정과 접촉할 때 내면의 인도를 받을 수 있고, 우리가 누구인지, 우리에게 무엇이 옳은지 알 수 있다. 그러면서 정서적 경계선을 알게 된다. 우리의 정서적 경계선을 알게 되면 누군가가 그 경계선을 침범했을 때 단호하게 선을 그을 수 있다. 내면의 자아와 연결되면 침입자로부터 자신을 보호하는 힘이 생긴다. 이것을 자동적으로 할 수 있다. 빅 북Big BOOK[2)]에 이런 말이 나온다. "만약 우리가 이

---

2) 익명의 알코올 중독자들(A.A) 단체의 교본이 되는 책으로 Bill W. 지음. 1939년 초판 발행(역자 주).

번 단계에서 열심히 노력한다면 우리를 당황스럽게 했던 상황을 처리하는 방법을 직관적으로 알게 될 것이다."[3]

우리는 거울이 없으면 자신을 볼 수 없다

성장하는 동안 사람들과 정서적으로 너무 멀어져 있는 것은 마치 진공 상태에서 성장하는 것과 같다. 우리는 서로 구별되는 데 도움이 되는 피드백, 즉 메아리를 얻지 못한다. 거울이 없으면 우리는 자신을 볼 수 없다. 이러한 유형의 유기abandonment를 경험한 아이들은 여러 가지 다른 방식으로 적응하게 된다.

어떤 이들은 누구도 가까이하지 못하는 외톨이가 된다. 자신의 감정과 소통해 본 적이 없으므로 타인과 소통하는 능력도 거의 없다. 다음에 소개할 프레드의 이야기가 좋은 예다.

어떤 사람들은 다른 사람의 정체성으로 자신을 채운다. 내면의 공간이 비어 있으면 다른 사람의 의제agenda로 채우기 쉽다. 그런 사람은 마치 카멜레온처럼 함께 있는 사람의 가치관과 반응을 아무 검토 없이 그대로 흡수하는 사람이 될 수 있다.

때때로 정서적으로 버려진 아이는 특정 가치를 존중하도록 배우기도 한다. 로라는 매우 외로웠다. 공허한 상태에서는 누구나 주어지는 것에 집착하게 된다. 로라 역시 주어지는 것을 움켜쥐었다. 그녀의 텅 빈 내면은 특히 어른들에게 예의를 갖추고, 도움을 주고, 다른 사람의

---

3) *Alcoholics Anonymous*, 3rd ed. (New York: Alcoholics Anonymous World Services, 1976), pp. 83-84.

욕구를 충족시키고, 누구에게나 친절해야 한다고 요동치는 메시지로 가득 차 있었다. 그래서 거리에서 낯선 사람이 자기 가슴을 만져도 친절하고 예의 바르게 행동했다.

정서적 공허함 속에서 자란 아이는 열렬하고 광기 어린 종교적 가르침이나 군사 윤리 등이 신성한 것이고, 또는 사람의 궁극적인 목적은 돈을 벌고 물질을 얻는 것이라는 생각으로 가득 채워질 수 있다. 공허감에 빠진 아이는 적극적으로 가르치지 않아도 그렇게 된다. 아이는 관찰하는 것만으로도 그 공백을 채울 것이다.

만약 부모 중 하나가 정서적으로 멀리 떨어져 있고 다른 한 부모가 아이와 밀착되어 있다면, 한쪽 부모가 만든 공백은 다른 쪽 부모의 욕구로 채워진다. 보통 근친상간은 부모가 정서적으로 부재한 경우에 반복적으로 발생한다. 한편, 정서적으로 존재하는 부모는 아이의 상처를 알아차리고 개입할 것이다. 근친상간을 당했으나 정서적으로 존재하는 부모가 있는 자녀의 경우는 부모로부터 충분한 반응을 경험하며, 적어도 비언어적으로라도 부모에게 무언가 매우 잘못되었다는 것을 전달할 수 있을 것이다.

부모는 자녀가 근친상간을 당하고 있다는 사실을 모를 수도 있지만, 대부분은 부모 자신이 설정하는 정서적 어조emotional tone에 의해 그 일을 멈추게 하거나 계속되게 할 수 있다.

프레드의 이야기

나는 감정에 대한 이 모든 이야기가 잘 이해되지 않습니다. 하지만 상관없어요. 내가 마흔두 살에 법률회사 대표가 될 수 있었던 건 항상 투

떨대고 울부짖어서가 아닙니다. 평소에는 이런 얘기를 잘 하지 않지만, 내가 지금 어디에 있는지 보세요. 안전한 교외에 좋은 집이 있고, 그 안에는 온수 욕조와 중앙 냉방과 멋있는 가구가 있죠. 차가 고장 날 걱정은 전혀 하지 않습니다. 문제가 생기기 전에 미리 수리해 두니까요. 저는 열 살 때부터 돈을 투자했어요. 아무것도 걱정할 게 없죠. 내 자산은 안전하고 나도 그래요. 쉰다섯 살이 되면 은퇴할 계획이고, 지금처럼 잘 살 수 있을 겁니다. 제 삶을 보세요. 증거가 있잖아요. 내가 사는 이 방식은 아주 유용해요.

나는 내가 지금까지 해 온 일이 정말 자랑스러워요. 나는 아홉 살 때부터 일을 시작했어요. 신문 배달을 했고, 얼마 지나지 않아 절반만 일하고도 배달 구역과 수익을 두 배로 늘릴 수 있었어요. 열두 살이 되기 전에 구역을 네 개나 담당했죠. 물론 어렸을 때는 재미있었어요. 고등학교를 졸업할 무렵에는 시간을 좀 가졌습니다. 여전히 일을 했지만, 친구들과 정말 즐겁게 지냈어요.

매우 웃기는 일이 있어요. 친구들이랑 장난을 치곤 했는데, 가장 자주 했던 장난 중 하나가 남의 집 잔디 마당을 바꾸는 거였어요. 한쪽 현관 의자를 옆집 현관 의자와 맞바꾸는 등 작은 것부터 시작했죠. 그런 다음 좀 더 창의적으로 접근했어요. 예를 들어 존스 씨에게 안뜰 테라스 세트, 새장, 화분이 있다고 가정해 봅시다. 한밤중에 이 물건들을 픽업트럭에 몰래 싣고 몇 블록 떨어진 스미스 씨의 집으로 가서 어린이용 놀이 세트, 장난감, 유아용 수영장과 바꿔놓는 거죠. 아이의 물건을 가져다가 존스 씨의 마당에 원래 있던 것처럼 정리해 놓았어요. 그러고는 아침에 밖에 나왔을 때 스미스 씨와 존스 씨의 표정을 생각하며 밤새도록 웃곤 했죠.

물건이 어디 있는지 알려 주었냐고요? 익명의 전화나 쪽지 같은 거요? 아니요, 그건 그들의 문제잖아요. 우리는 예전에 했던 장난에 관해 얘기하며 웃어넘길 때 말고는 그 일을 생각해 본 적이 없어요. 엄마들이 좋아할 만한 화분이나 물건이 아니라면 실제로 물건을 훔친 적은 거의 없었어요.

아버지의 고객 중 한 명은 매우 예리하고 주위에서 최고로 손꼽히는 재판 변호사였어요. 내가 음주운전, 난폭 운전 등 사고를 쳐서 끌려가면 늘 내 사건을 맡으셨어요. 항상 처벌을 면하게 해 주었죠.

우리 부모님요? 두 분은 잘 지냈어요. 아버지는 투자 은행가였어요. 평생 열심히 일하셨죠. 아버지는 큰 호숫가에서 멀지 않은 곳에 있는 약 6,000평 규모의 땅에 기둥과 프랑스 가구로 된 2층짜리 아름다운 집을 소유했어요. 그리고 일 중독자였어요. 휴가에서 돌아온 날 밤에도 고객을 만났죠. 나는 아버지를 존경하지 않을 수 없어요. 물론 이런 일 때문에 어머니는 조용하고 냉정하게 화를 냈지만, 아버지는 휴가 비슷한 것을 마치고 비행기에서 내리자마자 고객에게 영업할 수 있을 만큼의 에너지와 재능을 가진 정말 대단한 분이었죠.

어머니요? 어머니에 관한 생각은 잘 나지 않아요. 나는 거의 수잔 아줌마 손에서 자랐어요. 아줌마는 내가 자라는 내내 우리 집에서 가정부로 일했어요. 어머니와는 많은 시간을 함께 보내지 못했어요.

정서적 공허함 속에서 자라다

프레드의 삶은 정서적으로 거리가 먼 두 부모를 둔 결과를 보여 준다. 그의 아버지는 강박적인 직장인이었다. 그의 어머니 또한 존재감이 없었다. 양쪽 부모 모두 알코올 의존증의 징후를 보였다. 프레드는 자신의 감정과 완전히 단절되어 있으며, 그 단절 상태를 지속하려고 아버지가 그랬듯이 일과 술에 매달렸다.

그는 감정이 차단되어 있어서 자신에 대한 통찰력이나 정보에 제대로 접근하지 못하고, 안전감을 얻으려고 엄청난 에너지를 쏟는다. 이것이 어린 시절에 경험한 과도한 유기와 관련되어 있을지도 모른다고 의심하지 않는다. 정서적 공허함 속에서 자랐기 때문에 프레드는 자신이 아는 유일한 것, 즉 아버지가 했던 것처럼 끊임없는 노동을 그 공허 안에 집어넣었다.

프레드는 성장하는 동안 다른 사람들과 어떻게 상호 작용하는지, 어떻게 관계를 맺어야 하는지, 행동에서 경고 신호를 추론하는 방법에 대한 정보를 전혀 얻지 못했을 가능성이 높다. 그가 십 대였을 때, 그의 가족은 프레드의 음주운전으로 인해 반복적으로 날아오는 교통법규 위반 경고문을 읽지 않았다. 그의 아버지는 아들을 위해 비싼 변호사를 고용했지만, 이는 또 다른 형태의 유기에 불과했다.

어린아이는 충분한 음식, 따뜻한 옷, 깨끗한 집이 있어도 정서적으로 완전히 유기될 수 있다. 부모의 따뜻한 관심이 없으면 정서 발달에 손상이 일어난다. 정신적 건강을 유지하려면 명확한 신체적 · 정서적 경계선이 반드시 있어야 한다. 우리는 사람들이 얼마나 가까이 와도 되는지, 누가 우리를 만질 수 있는지에 대한 한계를 설정함으로써 신체적으로 자신을 방어할 수 있어야 한다. 그러기 위해서는 정서적 경계선에 대한 명확한 감각이 필요하다. 내가 누구인지, 나는 무엇이 필요하고, 좋아하고, 원하고, 느끼는지에 대한 감각을 향상시키면 정서적 경계선이 강화된다.

연습 2.1 **경계선 살펴보기**

이 연습을 통해 다른 사람의 경계선에 대한 인식을 높일 수 있다. 정보를 얻는 시간으로 활용하되 관찰하고 있는 상호 작용에 영향을 미치려고 하지 말라.

신체적 경계선

1. 주변 사람들이 어떤 행동이나 말로 자신의 신체적 경계선(자신의 편안함을 유지하기 위해 지키는 거리)을 표시하고 보호하는지 관찰해 보라.

    (1) 버스를 탈 때 낯선 사람이 옆에 앉으면 어떻게 행동하는지 살펴보라.
    (2) 길을 걷다가 다른 사람을 지나칠 때 유지하는 간격에 주목해 보라. 그 간격은 함께 걷고 있는 사람들과 유지하는 거리와 얼마나 다른가?
    (3) 상사는 직원과 신체적으로 얼마나 가까워질 수 있는가?
    (4) 직원은 상사와 신체적으로 얼마나 가까워질 수 있는가?
    (5) 누군가가 화를 내며 말할 때 듣는 사람은 말하는 사람과 더 가까워지는가, 혹은 더 멀어지는가?
    (6) 만약 누군가가 친절하게 말하면 듣는 사람의 자세가 바뀌는가?
    (7) 당신의 자녀들은 부모와 얼마나 가까이 있는가?

(8) 당신은 자녀 및 배우자와 얼마나 가까워지고 싶은가?
(9) 직장에서 동료와 이야기를 나눌 때 조금 더 가까이 다가가 보라. 상대방은 어떻게 반응하는가? 잠시 후, 조금 뒤로 물러나면 상대는 어떻게 반응하는가?
(10) 만약 당신이 다른 인종이나 문화권 사람이 많은 곳에 살고 있다면, 그들이 친구나 낯선 사람과 대화할 때 얼마나 가까이 서 있는지 관찰해 보라.

정서적 경계선

2. 사람들이 정서적 경계선을 어떻게 지키고 설정하는지 관찰해 보라.

(1) 상대방과의 관계와 상대방이 하는 일을 고려할 때 적절한 발언이 있는지 주의 깊게 경청해 보라.
(2) 명백히 부적절한 발언이 있는지 주의 깊게 경청해 보라. 이를 듣는 사람은 이러한 상황을 어떻게 다루는지 살펴보라.
(3) 당신의 자녀를 관찰해 보라. 자녀들은 형제자매로부터 자신의 사생활을 어떻게 보호하는가?
(4) 당신의 배우자는 자신의 정서적 영역을 보호하기 위해 당신에게 어떤 행동을 하는가?
(5) 당신의 배우자는 중요한 요구와 감정을 어떻게 전달하는가? 당신이 느끼거나 원하는 것과 다른 것을 느끼거나 원할 때 어떻게 행동하는가?

3
맥락

맥락이 중요하다

관계 유형의 맥락context은 적절한 친밀도와 적절한 거리를 정의한다. 어떤 관계는 친밀함을 전제로 한다. 결혼은 신체적 · 정서적 친밀감을 높일 수 있는 잠재적 가능성이 있으며, 부모와 자녀 관계는 일련의 다양하고 안전한 신체적 친밀감과 정서적 관여를 제공한다. 가장 친한 친구와는 상당한 신체적 친밀감과 높은 수준의 정서적 친근감을 공유할 수 있다.

역할에 따라 적절한 친밀감의 범위가 어떻게 정의되는지 주목해 보라. 결혼 관계에서의 바람직한 성적 친밀감은 부모와 자녀, 친구 관계에는 전혀 어울리지 않는다. 신체적 친밀감은 연속선을 따라 발생한다. 한쪽 끝에는 완전한 성관계(배우자 사이)가 있고, 다른 한쪽 끝에는 어떤 종류의 접촉도 하지 않는(낯선 사이) 관계가 있다.

맥락은 적절한 친밀감뿐 아니라 적절한 거리도 정의한다. 결혼 관계에서 적절한 정서적 친밀감은 편안하게 신체적 친밀감으로 이어진다. 결혼했거나 깊은 연인 사이에 성적인 또는 정서적인 애정이 거의 없거나 전혀 없는 것은 종종 관계에 문제가 있다는 신호다. 이는 정서적 거리가 너무 멀거나 친밀감을 위반하는 것을 의미할 수 있다. 먼 거리 위반이란 무엇인가? 몇 가지 예시를 보라.

- 퇴근 후 집에 돌아와 한 시간 동안 아이와 대화를 나누지 않는 부모
- 부모로부터 충분한 관심을 받지 못하는 아이
- 발표회나 학교 음악회 등 자녀가 축하받거나 공연하는 행사에 반복적으로 불참하는 부모
- 부모의 안전한 손길을 받지 못하는 아이
- 남편이 쓰레기 버리는 것을 잊었다는 이유로 온종일 남편과 대화하지 않는 아내
- 아내와 중요한 문제 논의하기를 반복적으로 거부하는 남편
- 둘이 점심을 먹기로 한 장소에 대해 생긴 오해를 풀지 않는 친구

관계 유형의 맥락은 적절한 친밀감과 적절한 거리의 범위를 정의한다. 배우자 사이에서는 이 범위가 깊은 친밀감으로 확장될 수 있으며, 너무 먼 거리로 벗어나지 않는 것이 가장 건강하다. 부모와 자녀 사이의 적정 거리는 남편과 아내 사이의 가능한 범위와는 다르다. 적절한 거리와 친밀감의 한계를 초과하면 경계선 위반이 일어난다.

방금 결혼했어요

결혼과 같은 헌신적인 관계는 이론적으로 완전한 신체적·정서적 친밀감을 가질 수 있는 가장 큰 기회와 가능성을 제공한다. 결혼은 아마도 가장 복잡한 관계일 것이다. 결혼은 한 사람의 인생에 지대한 영향을 미칠 만큼 파급력이 크지만, 종종 별다른 생각과 인식 없이 혹은 반쯤 이해한 이유와 잘 알려지지 않은 영향력으로 결혼하는 경우가 많다.

가끔 자동차에 붙은 '방금 결혼했어요'라는 표지판을 보면 미로 속으로 걸어 들어가는 순진한 어린양이나 747 비행기의 조종석에 앉은 네 살짜리 아이가 떠오르곤 한다. 차에 달려가 창문으로 내 명함을 밀어 넣으며 "몇 주 후에 전화하거나, 필요하다면 오늘 밤에 전화하세요!"라고 외치고 싶은 충동이 일어나기도 한다. 어쨌든 이 주제는 별도로 9장에서 다룰 예정이다. 지금은 친밀한 파트너십의 맥락에서 적절한 가까움과 거리 범위를 살펴보겠다.

우리와 우리가 아닌 사람, 당신과 당신이 아닌 사람

친밀한 파트너십의 맥락에서 적절한 가까움closeness과 거리 범위는 어디까지일까? 허용되는 친밀감intimacy과 거리 정도는 각자 결혼 생활에 따라, 그리고 하나의 결혼 생활 내에서도 매일매일 달라질 수 있다.

의사소통은 파트너십을 유동적이고 활기차게 유지하고 친밀감과 분리감에 대한 각자의 욕구를 명확히 하는 생명줄이다.

이상적인 결혼 생활은 우리와 우리가 아닌 것의 경계선을 지킬 정도의 충분한 유대감과 각자의 개성을 보존할 정도의 충분한 분리를 포함한다. 건강한 결혼 생활이나 친밀한 동반 관계에서는 각자 온전하고 있는 그대로 존재한다. 그런 그들이 함께 살기로 선택한다. 상대방에게 무슨 일이 생기더라도 함께 살려고 한다.

비슷한 배경, 공통된 관심사, 같은 종류의 목표, 비슷한 가치관, 거의 대등한 지능, 사물을 바라보는 유사한 방식 등 배우자 사이에 공통점이 많다면 결혼은 가장 좋은 기회일 수 있다. 한편, 너무 많은 차이점은 종종 거리를 멀게 만든다.

사람은 저마다 고유하다. 이 고유성이 관계와 세상에 이바지한다. 따라서 각자가 자신만의 생각과 감정을 가지고 자기 행동에 책임을 지는 것이 중요하다.

밀착은 친밀함이 아니다

한쪽 배우자가 다른 배우자의 생각에 영향을 미치려고 하거나 상대방이 나와 똑같은 감정을 갖기를 원할 때 문제가 생길 수밖에 없다. 사랑에 빠지는 것은 흥분되고 깊이 관여되는 느낌이지만, 사실 그것은 관계에 상당히 밀착되는 단계다. 누군가의 생각과 감정이 나와 같음을 확인하는 것은 아주 기분 좋은 일이다. 하지만 결국에는 인식이 달라질 것이다. 이를 다루는 방법이 관계의 미래를 위해 매우 중요하다.

만약 남편이 아내가 가진 인식과 생각과 감정을 제압하려고 하거나, 아내의 일 처리 과정이 열등하거나 부족하다고 주장한다면 문제가 있다. 아내는 자신의 자존감에 대한 남편의 공격을 견뎌 내기 위해 건강한 경계선이 필요하다.

밀착은 친밀감처럼 느껴지지만 밀착과 친밀에는 큰 차이가 있다. 친밀은 서로를 잘 알고, 단점과 차이를 받아들이며 서로를 사랑하는 데서 비롯된다. 반면, 밀착은 마치 같은 사람인 것처럼 느끼고 생각하려는 시도다. 이런 행동은 상대방의 고유성을 상당 부분 놓치게 되므로 실제로는 서로를 알 수 없게 되며 친밀감과는 매우 다른 경험을 하게 된다.

도나의 이야기

내가 결혼했을 때만 해도 영화와 잡지에서는 결혼 생활을 행복한 일로 묘사했어요. 여성들은 마치 배우 도나 리드Donna Reed 같았죠. 수입은 거의 없지만, 친절하고 현명하며 열정적인 남편이 모든 것을 제공해 주기 때문에 문제가 되지 않았어요. 아내는 훌륭하고 맛있는 요리를 준비하고, 집 안을 깔끔하고 깨끗하게 유지하고, 매력적이고 인자한 모습으로 남편과 아이들 곁에 항상 있어 주기만 하면 되었어요. 시트콤 〈Father Knows Best〉에 나오는 엄마가 여자친구들과 여행을 가 본 적 있는지, 꽃꽂이하는 것 외에 모험적인 취미가 있었는지 기억해 보려고 해요.

나는 열정적으로 결혼 생활에 뛰어들었어요. 결혼을 통해 아버지 손에서 벗어나 나 스스로 개척하는 세상으로 나아갔죠. 어머니처럼 차갑고 냉정한 사람이 되지 않기로 결심했어요. 그래서 나는 아이들과 남편을 위해 살았어요. 내 시간은 그들의 것이었어요. 15년 동안 나를 위한 삶은 없었답니다. 가끔 남편에게 무언가를 부탁하곤 했지만, 더는 그럴 가치가 없는 지경에 이르렀어요. 남편은 항상 내가 무리한 요구를 하는 것처럼, 혹은 너무 많은 것을 바란다는 표정으로 나를 쳐다보았거든요.

내가 치료받기 시작했을 때 처음에는 남편도 나를 지지해 주었어요. 그러나 나에게도 욕구가 있다는 것을 알게 되자 온 가족이 나에게 등을 돌렸어요. 남편은 친정엄마 편을 들었고, 딸과 남편은 내가 상담을 받으러 가지 못하게 말렸어요. 내 인생에서 처음으로 화가 났고, 그들은 모두 내가 미쳤다는 듯이 행동했어요.

치료를 계속 받는 것이 어려워졌어요. 나는 가족들의 행동 때문에 상처를 많이 받았어요. 15년 동안 모든 것을 그들에게 줬어요. 내 자아가 없어질 만큼 너무 많은 것을 줬어요. 그리고 마침내 내가 자기 계발을 시작했을 때 그들은 나와 싸웠어요. 내가 변하는 걸 원치 않아서였죠. 그들은 계속해서 내가 자신들만을 위해 살기를 원했으니까요.

그거 아세요? 나는 나 자신을 희생한 일에 대해 존경받은 적이 없어요. 가족들은 나를 존경받는 아내와 엄마가 아니라 생각 없이 사는 하인처럼 대했어요. 이 생각을 하면 가족들이 아무리 나의 길을 반대해도 계속 앞으로 나아갈 수 있어요. 이제 누구도 나를 막지 못하게 할 거예요. 비록 내가 세상에서 가장 사랑하는 사람들이라 할지라도요.

칼라의 이야기

필은 우리가 결혼하기 전에 충분한 시간을 갖지 못했다고 해요. 그는 가능한 모든 순간에 나와 함께 있기를 바랐거든요. 직장에서 근무하는 중에도 하루에 두어 번씩은 전화를 했어요. 내가 친구와 쇼핑하러 갈 때나 회사에서 마감일을 맞추기 위해 야근해야 할 때 그는 무척 아쉬워했어요. 나도 딱히 문제라고 생각하지 않았어요.

우리 아버지는 술주정뱅이였고 어머니는 접시 닦는 일을 하셨기 때문에 누군가가 나를 그렇게 열정적으로 대해 주니 기분이 정말 좋았어요. 필은 매주 나에게 꽃을 보냈어요. 값비싼 잠옷을 사 주기도 했죠. 그런 그에게 관심을 가지게 됐어요.

내 친구들은 저를 부러워했어요. 결혼한 지 오래된 친구들은 TV 앞에 나체로 누워 있어도 남편이 관심을 주지 않는다고 불평했죠. 특히나 야구 경기를 중계할 때는 더욱이요.

필과 나는 결혼했어요. 결혼하자마자 그는 내 직장 생활을 비난하기 시작했어요. 그는 내 일 때문에 나와 멀어졌다고 말했어요. 물론 내가 직장 생활을 하지 않았다면 일주일에 두어 번은 그와 점심을 먹을 수 있었을 것이고, 남편이 집에 오자마자 함께 시간을 보낼 수 있었을 거예요. 그는 내가 상사와 함께 외근하느라 사무실을 비워 연락이 닿지 않으면 화를 냈어요. 백발의 아버지 같은 상사를 질투한 거죠.

나는 내 일이 좋았어요. 상사도 좋았고요. 일하고 돈을 버는 것이 좋았지만 필이 계속 압박했고, 결국 그의 말에 굴복해 직장을 그만뒀어요. 하지만 이후로 어떻게 해야 할지 몰랐어요. 내가 할 수 있는 것이라고는 쇼핑과 요리뿐이었어요.

나는 정성스럽게 식사 준비를 했어요. 필은 그걸 좋아했어요. 밤새도록 나를 칭찬하곤 했죠. 하지만 그것도 지루해지기 시작했어요. 나에 대한 그의 열정이 냉소적으로 느껴지기 시작했고, 나 자신이 바보처럼 느껴졌어요. 나를 숭배하는 남자가 있지만, 전혀 행복하지 않았어요.

뭐라도 하지 않으면 미쳐 버릴 것 같았어요. 그 무렵 내가 다니는 성당의 마이크 신부님이 혼전에 임신한 소녀들이 낙태하지 않고 살 수 있는 공간을 마련해서 호라이즌이라는 이름을 짓자고 하셨어요. 신부님은 집을 보기 좋게 꾸미고, 좋은 사람들을 배치하고, 기술 훈련이나 교육을 제공하면 소녀들이 임신을 인생의 전환점으로 삼을 수 있을 거라고 말하셨어요.

그 아이디어가 마음에 들어서 함께 일하겠다고 자원했어요. 필에게 이 이야기를 하자 그는 불같이 화를 냈어요. 나는 정말 이해가 안 됐어요. 나는 필이 근무하는 시간에만 조심스럽게 일하고 그가 도착하기 전에 집에 와 있을 거라고 안심시켰어요. 하지만 그렇게 말한 후에 문득 화가 치밀어 올랐어요. 나는 남편에게 "걱정하지 마. 평소처럼 맛있는 식사가 준비되어 있을 거니까!"라고 소리쳤어요. 그때 그가 나를 강하게 쳤어요. 나는 믿을 수가 없었어요. 충격에 빠졌죠. 처음에는 그냥 그를 쳐다보기만 하다가 침착하게 욕실로 들어가 문을 잠갔어요. 그는 문밖에 서서 그만 나오라고 애원하더군요. 그러면서 내가 자신의 달과 별이라고 말했어요. 그는 내가 원한다면 비싼 레스토랑이라도 상관없으니 함께 식사하러 가자고 말했어요.

나는 욕실 문을 열기 전에 다시는 나를 때리지 않겠다고 약속하게 했어요. "이렇게 무릎을 꿇을게. 진심으로 약속해"라고 그가 말했어요. 문을 열었더니 카펫 위에 무릎을 꿇고 있더라고요. 내 마음이 다시 움직였어요. 누구도 나를 그렇게 사랑해 준 적이 없었거든요.

그는 저녁 식사를 위해 근사한 식당에 데려갔고, 웨이터가 접시를 치우는 동안 내 손을 잡았어요. "여보, 내가 왜 그런 행동을 했는지 이해해 주면 좋겠어. 당신이 그 프로젝트를 진행하는 것에 반대하지는 않아. 좋은 생각이야. 하지만 먼저 나와 상의해야 했어. 만약 내가 당신의 도움이 필요한 상황이었다면 어땠을까? 그러면 신부님과의 약속을 어겨야 했을 거야. 이제부터 뭔가 하고 싶은 일이 있으면 나한테 먼저 물어봐 줘. 그러면 모든 것이 잘될 거야."

뭔가 이상하다고 느껴졌지만 간단한 일처럼 보이기도 했어요. 나는 그렇게 하겠다고 약속했죠. 돈이 드는 일도 아니고 그에게는 정말 중요한 일이었으니까요.

한동안은 모든 것이 순조로웠어요. 신부님과 나는 멋진 집을 발견했고, 그 집을 살 수 있을 만큼의 후원금을 모았거든요. 몇몇 가족이 함께 집을 수리하고 페인트칠을 했어요. 물론 필도 항상 곁에 있었지요. 그는 배선, 배관, 난방 등 무엇이든 할 수 있었거든요. 나는 기꺼이 프로젝트에 자신의 에너지를 쏟는 모습이 정말 자랑스러웠어요. 이 성당은 원래 그가 다니던 성당은 아니었지만, 우리 성당이 내게는 큰 의미가 있었기 때문에 그가 이 성당으로 옮겨서 함께 다니게 된 거죠.

그런데 문제는 남편이 나보다 먼저 집에 들어올 때였어요. 나는 남편이 집에 오기를 기다린 것처럼 보이게 하는 데 전문가가 되었죠. 아침에 나가기 전에 식탁을 차려 두고 저녁 식사를 거의 다 준비해 뒀어요. 가끔은 요리할 음식을 오븐에 넣고 타이머를 맞춰 두기도 했고요.

나는 많은 날을 동네를 가로질러 달려가 차고를 통해 집 안으로 들어가서는 식료품 저장실에 코트를 숨기고 앞치마 끈을 묶은 뒤 현관문을 열고 들어오는 남편을 기다리곤 했어요. 그러던 어느 날, 남편이 퇴근한 후에 집에 도착했더니 내가 타이머를 맞혀 둔 오븐에서 고기가 지글지글 구워지고 있었고 집 안에서 맛있는 냄새가 났어요. 나는 순발력 있게 그날 아침에 사 둔 고추냉이 봉지를 손에 들고 문을 열고 들어갔지요. 그의 얼굴이 어두웠지만, 내 손에 든 봉지를 보더니 "아, 뭔가 급한 일이 있었던 모양이군"이라고 말했어요. 나는 고추냉이를 깜빡했다고 말했죠.

그는 정중한 태도로 내가 외투 벗는 것을 도와주었고, 나는 안도하며 부엌으로 들어갔어요. 다음 날 나는 상점 세 군데에 들러 빵가루 한 봉지, 말린 파슬리 한 봉지 등을 샀어요. 차에 넣어 두었다가 귀가가 늦어졌을 때 집에 들고 들어갈 수 있는 물건을 하나씩 산 거죠. 그건 아주

기발한 아이디어였죠. 그는 나에게 건망증이 심하다고 했고 친구들에게도 이 이야기를 재미 삼아 했지만 나는 그가 하는 이야기를 웃어넘겼어요. 하지만 뭔가 잊어버려서 늦으면 괜찮고 밖에서 일하다 늦으면 재앙이라고 여기는 이유는 도통 알 수 없었죠.

성적으로도 이상한 일이 일어났어요. 결혼하기 전에는 남편에게 너무 끌렸어요. 검은 머리와 눈동자 외에도 그는 여러 가지 것에 대해 열정과 열망을 가지고 있었죠. 처음엔 그 열정이 나를 향하고 있다는 사실이 짜릿했어요.

결혼한 뒤 남편이 그 강렬한 눈빛으로 나에게 다가오는 것을 볼 때 느꼈던 그 황홀함은 말로 설명할 수 없어요. 마치 세상의 여왕이 된 기분이었죠. 그는 나에게 훌륭한 연인이었어요. 마치 나에게 즐거움을 주는 것이 그에게 가장 큰 기쁨인 것 같았어요.

이 모든 것을 생각할 때 왜 내가 싸늘해지기 시작했는지 모르겠어요. 직장을 그만두면서부터 시작된 것 같아요. 처음에는 그에게서 약간 멀어진 느낌이 들었어요. 그가 내 팔을 애무했는데 나는 거의 아무것도 느끼지 못했어요. 성적 관심이 조금 줄어들었죠.

돌이켜보면 남편이 건망증에 관한 이야기를 시작했을 때 상황이 악화된 것 같아요. 나는 침대에서 부부생활을 할 때 속이기 시작했어요. 억지로 즐거운 척을 했죠.

그리고 또 다른 일이 일어났어요. 시장 선거와 관련된 일이었어요. 필은 시장 후보 중 켄 화이트를 좋아했지만, 나는 에드거 함브리지를 찍기로 결정한 상태였어요. 그래서 필이 켄 화이트에 대해 어떻게 생각하냐고 물었을 때 나는 에드거 함브리지를 좋아한다고 말했죠. 그는 교육위원회에서 책임감 있게 일해 왔고, 그를 만나 보니 허풍쟁이나 하찮은 사람이 아니라고 느꼈다고 말했어요. 게다가 내가 본 그의 아내는 울타리에 묶인 개를 연상시키는 그런 눈을 가진 정치인의 아내가 아니라 똑바로 직시하는 총잡이 같은 사람이었거든요. 나는 내 의견을 열심히 말했어요. 그동안 필은 내 생각을 물어본 적이 없었어요. 나는 너무 들떠서 얘기하느라 필의 표정을 눈치채지 못했어요. 그러다가 그의 무서운 표정을 알아차리고는 말을 바꿨죠. "물론 켄 화이트도 아주 좋은 사람이죠"라고 말이에요.

이상하지만 그 한 문장이 나를 구한 것 같았어요. 뭐라고 구체적으로 말하기는 어렵지만 어쨌든 필의 얼굴이 조금 편안해졌고 나는 내가 해냈다는 것을 알았어요. 하지만 그때부터 선거일까지 일상이 전쟁이었어요. 필은 켄 화이트의 미덕을 찬양하지 않고는 한순간도 지나칠 수 없었어요. 그는 소책자를 가져와 이야기를 들려주더군요. 믿거나 말거나 그는 나를 켄의 선거본부로 데려가 소개까지 해 주었어요.

처음에는 필이 켄 화이트에 관해 이야기하면 "에드거는 이런저런 일을 했어요"라고 말했어요. 그렇게 말한 것 때문에 곤란해지지는 않았지만, 필은 켄이 한 25가지 일을 언급하는 것으로 응수했어요. 그러더니 선거 사흘 전에 내게 누구에게 투표할 거냐고 물어보더군요. 에드거라고 말했더니 크게 화를 냈어요. 그는 "그건 정말 멍청한 짓이야. 켄은 정말 이 일에 완벽한 사람이야"라고 말했죠.

다음 날에도 그다음 날에도 필은 나에게 다시 물었고, 나는 사실대로 말했어요. 그때마다 그는 화를 냈어요. 선거일이 되자 그는 소리치고 날뛰며 다시 물었어요. 나 자신에게 자랑스럽지는 않았지만, 나는 켄에게 투표하기로 결정했다고 말할 수밖에 없었어요. 그는 기뻐하더군요. 그는 나를 투표소에 데려다주었어요. 집으로 돌아오는 길에는 꽃을 사러 꽃가게에 들렀지요. 나는 실제로는 에드거 함브리지에게 투표했지만, 그것을 남편에게 말한 적은 없어요. 그 후에도 나는 내가 원하는 후보에게 계속 표를 주었지만, 정치 후보에 대해서 남편과 다른 의견을 낸 적은 없어요.

어쨌든 선거에서는 켄 화이트가 승리했어요. 필은 친구들에게 내가 승리한 팀의 일원이라고 말했어요. 이유는 모르겠지만, 사람들이 나를 켄 후보 지지자로 생각하는 것이 싫었어요. 나는 그가 사기꾼이라고 생각했거든요. 아무튼 남편과 나 사이에 성적인 문제가 생기기 시작한 것이 그때부터인 것 같아요.

마이크 신부님이 나에게 호라이즌 하우스 장식을 도와달라고 부탁했어요. 나는 그런 일을 정말 좋아해요. 신부님은 성직자치고는 멋진 취향을 가진 분이죠. 사람들이 기증한 물건들을 어떻게 하면 더 빛나게 꾸밀 수 있을지 고민하면서 즐거운 시간을 보냈어요.

마이크 신부님과 나는 기증한 물건 중에서 복구할 수 있는 물건과 보수가 필요한 물건, 또 다른 곳으로 보낼 물건들을 결정한 다음 호라이즌 하우스에 부족한 부분을 채우기 위해 상점에 갔어요. 우리는 러그와 커튼용 재료, 재포장할 천을 골랐죠.

어느 날 신부님과 나는 백화점에서 시트를 고르고 있었어요. 마이크 신부님은 양팔 가득 가방을 들고 있었고, 나는 신부님을 바라보며 우리가 다른 사람들에게 어떻게 보일지 상상했어요. 성직자 옷을 입은 신부와 젊고 매력적인 여성이 침구 코너에 서서 시트를 담고 있는 모습이었죠. 너무 웃겼어요. 나는 웃기 시작했고 마이크 신부님도 웃었어요. 성직자치고는 정말 재미있는 분이었어요.

그날은 일찍 집에 도착했고, 급하게 동네를 가로지르지도 않았으며, 편안하고 행복한 마음으로 집에 도착했어요. 그런데 문을 열고 들어서는 순간 머리를 한 대 주먹으로 세게 맞았어요. 나는 넘어지면서 도둑이 나를 때린 게 틀림없다고 생각했죠. 그런데 고개를 들었을 때

도둑이 아니라 필인 것을 알고 깜짝 놀랐어요.

“뭐 하는 거야? 나라고!” 나는 남편이 나를 도둑으로 착각한 줄 알았어요. 그는 “어쩌면 내가 당신을 전혀 모르는 것일지도 모르지”라고 말하더니 손을 뻗어 나를 끌어올린 다음 다시 때렸어요. 그가 일부러 나를 때렸다는 사실을 받아들이는 데 몇 분이 걸렸어요.

그의 고함을 통해 그가 신부님과 나를 백화점에서 봤다는 것을 알았어요. 그래서 설명하기 시작했죠. 사실을 제대로 알면 그만 때릴 거라고 생각했거든요. 그가 마이크 신부님을 질투한다는 사실을 깨달은 후에도 여전히 그를 설득하려고 노력했어요. 그러다 문득 이 일이 이성적인 해명과는 아무 상관이 없다는 것을 깨달았어요.

나는 문을 사이에 두고 천천히 뒤로 물러났어요. 그러고는 문밖에 있는 내 차를 향해 뛰었어요. 주머니에 자동차 열쇠는 있었지만, 지갑은 없었어요. 그는 나를 쫓아왔고 나는 차에 올라타 문을 잠갔어요. 내가 차를 빼려고 할 때, 그는 차고 문을 닫으려고 했어요. 거의 동시에요. 차고 문이 차 윗부분의 페인트를 긁어낼 정도로 가까웠어요.

처음에는 그냥 운전만 했어요. 멍했죠. 어디로 가는지 저도 몰랐어요. 마이크 신부님에게 가는 건 어쩐지 부끄러웠어요. 아무에게도 말하고 싶지 않았죠. 어떻게 갔는지는 모르겠지만 결국 절친한 친구의 집에 도착했어요. 나는 충격에 휩싸여 뭘 해야 할지 결정할 수 없었어요. 남편이 나를 구타했다는 것과 차고에 갇혔을 수도 있다는 사실을 깨닫고 회복하는 데 며칠이 걸렸어요. 친구는 일주일 동안 나를 돌봐주었어요. 내 차를 차고에 숨기고 치료사를 찾도록 도와주었지요. 그녀는 내가 처음으로 가게 된 ‘익명의 공동-의존자 모임Codependents Anonymous meeting’에 같이 가 주었어요.

한번은 모임에서 누군가가 남편에게 더는 성적인 감정을 느끼지 않는다고 말했어요. 그녀는 자신을 보호하기 위해서는 정서적으로 매우 조심해야 했고 성적으로도 개방적일 수 없었다고 했어요. 그 말을 듣고 안도감을 느꼈어요. 내게도 그런 일이 있었거든요. 이상하게도 치료사에게 이런 이야기를 할 생각은 전혀 하지 못했어요. 누구와도 성에 관한 얘기를 한 적이 없었거든요. 필이 아주 세심한 연인이었을 때도 반응하지 못한 건 내게 뭔가 문제가 있기 때문이라고 생각했어요. 하지만 이제야 내 몸에 많은 지혜가 있다는 것을 알았어요. 전에는 내 몸에 귀를 기울여야 한다는 사실을 몰랐지만, 이제는 알아요. 내 몸이 더는 남편과 함께 있고 싶지 않다고 말해요.

나는 약속을 하고 또 약속 어기기를 반복하면서 상황이 더 나빠지는데도 배우자와 함께 사는 여성들이 나오는 영화를 TV에서 본 적이 있어요. 하지만 난 그렇게 하지 않을 거예요.

필은 나를 돌아오게 하려고 하와이 여행, 좋은 집, 성당 헌금 등 강력한 수단을 쓰더군요. 그는 다시는 나를 때리지 않겠다고 약속했어요. 남편들이 아내들을 되찾기 위해 쓰는 미끼에 관해 지지그룹 여성들과 이야기한 적이 있어요. 나는 나 자신에 관한 믿음을 그 무엇과도 바꾸고 싶지 않다는 것을 알았어요. 그 여성 중 일부가 자신의 그림자를 두려워하며 얼마나 겁에 질려 있는지 보았어요. 나는 절대 그러지 않을 거예요.

하지만 나는 이미 많은 것을 잃었어요. 필과 결혼했을 때 눈이 별처럼 빛나던 걸 기억해요. 그때는 정말 순진했죠. 스무 살 때 동네에 살던 40~50대 여성들이 기억나요. 그들은 남자에 대해 다소 경직되고 냉소적이었어요. 충고를 너무 많이 했고, 나는 "이 늙은 아줌마들은 아무도 믿지 못해서 저러는구나. 난 절대 그렇게 되지 말아야지"라고 생각했어요. 그런데 이제는 그들의 경험이 그들을 그렇게 만들었다는 걸 알아요. 주변을 둘러봐도 스무 살 때 가졌던 남자에 대한 순수한 열정을 가진 마흔 살 여성은 찾아보기가 힘들어요. 경험이 우리를 가르치기도 하죠.

너는 나

부부가 밀착되어 있으면, 각 배우자의 개성이 관계 속에서 희생될 때 개인과 그 관계는 시련을 겪는다. 때로는 칼라의 경우처럼 한 배우자가 다른 배우자에게 의견, 관점, 기호를 포기하도록 강요하기도 한다. 도나가 설명한 것처럼 한쪽이 자발적으로 배우자의 견해와 아이디어를 수용하는 경우도 있다.

만일 어린 시절에 생존을 위해 살았다면, 자신에 대한 감각을 발달시킬 에너지가 거의 남아 있지 않다. 따라서 어린 시절을 생존을 위해 보내야 했던 사람은 불완전한 상태로 결혼 생활을 시작하게 된다. 아내는 배우자의 관점, 생각, 태도를 흡수하고 자신의 것으로 받아들이는데 취약할 수 있다.

처음에는 두 배우자가 모두 기분이 좋을 수 있다. 이전에는 생각하지 못했던 아이디어를 얻었으니 아내는 더 강해졌다고 느낄 것이다. 남편은 아내에게 이런 아이디어를 줄 수 있다는 것과 아내가 이를 받아들일 만큼 그것을 좋아한다는 사실로 인해 자신이 매우 중요한 사람이라고 느낄 것이다. 하지만 아내가 그의 의견에 동의하지 않을 때는 어떻게 될까? 결혼 생활의 균형이 깨질 것이다. 아내는 이미 형성된 기존의 패턴을 바꿔야 할 수도 있고, 남편은 아내가 자신의 사고방식을 공격한다고 느낄 수도 있다.

실제로 일을 진행하는 사람

어떤 관계에서 한 사람이 한계를 설정하고 생각하는 것이 자신이라고 여길 때 또 다른 미묘한 변화가 발생한다. 그는 자신을 더 강력하고 가치 있는 존재로 여기기 시작한다. 지원 서비스 분야에서 일해 본 사람이라면 누구나 이런 경험을 해 보았을 것이다.

나는 병원에서 일하면서 병원을 실제로 운영하는 사람은 간호사라는 사실을 잘 알게 되었다. 간호사들은 일의 연속성을 유지하고, 실제로 일어난 일을 잘 파악하면서 환자들에게 집중하고, 병원이 원활하게 운영되게 한다. 그러나 더 많은 급여와 존경을 받는 것은 누구일까? 의사들이다. 그들은 한 시간에 네 명의 환자를 진료하고 차트에 몇 가지 사항을 긁적인 후 퇴근한다. 그들은 의사결정 권한과 명예와 돈을 얻는다.

보험사무실을 운영하는 사람은 누구일까? 비서들이다. 고객인 나는 2년 동안 보험 설계사와 연락하지 않았다. 보험증서를 업데이트하고 새로 발행하며 내 보험료율을 계산하는 사람은 비서다. 그런데 수수료를 받는 사람은 누구일까? 보험 설계사다. 고객은 누구를 더 중요하게 생각할까? 물론 보험 설계사다. 그는 비서를 고용하고 점심을 먹으러 나가면서 비서에게 지시를 내린다.

결혼 생활에서도 같은 현상이 일어난다. 만약 남편이 생각하고 결정을 내리도록 설정되어 있다면, 남편은 아내가 일을 다 꾸려 나가더라도 자신을 더 강력하고 중요한 사람으로 여길 것이다. 이러한 불균형으로 인해 지원하는 역할의 배우자는 자신을 점점 덜 중요한 존재로 느끼고, 자신의 가치 기준과 생각의 가치에 대해 확신이 줄어들며, 남편에게 더 의존하고 밀착된다.

많은 결혼 생활에서 남성은 가장으로, 여성은 순종하는 상대로 인식된다. 얼마 전부터 이런 인식이 사라졌다고 생각했지만, 아직도 많은 여성이 남편이 주도하고 아내를 따라야 한다고 믿는 결혼 생활을 한다. 어떤 이들은 이를 뒷받침하기 위해 성경을 인용하기도 한다.

성경은 남자가 가정의 영적 가장이라며, 남편에 대한 아내의 책임뿐 아니라 아내에 대한 남편의 책임 또한 명확하게 서술한다(에베소서 5:25~33). 나는 남성들이 이 문제로 성경을 들먹거릴 때, 실제로 성경에는 그들의 역할에 대한 설명도 담고 있다는 것을 잊어버린 듯 보인다는 것을 알았다. 성경은 여성들이 생각을 멈추어야 한다고 말하지 않는다. 사실 성경에 등장하는 인물 중 기억에 남는 여성들은 모두 사상가였고, 자기주장이 분명했으며, 때로는 논쟁적이었고, 종종 하느님에게 도전하는 것도 두려워하지 않았다.

밀착된 개인은 알려지지 않는다

관계에서 거리가 너무 멀어지면 당연히 로맨틱한 관심이 식는다. 놀랍게도 밀착도 같은 결과를 초래할 수 있다. 밀착은 가깝다고 느낄 수 있지만, 실제로는 그렇지 않기 때문이다. 밀착은 누군가의 개성이 짓밟히고 있다는 뜻이다. 밀착된 사람은 알려지지 않는다.

필은 칼라와 깊은 관계를 맺은 것처럼 보였다. 그러나 사실 그는 그녀를 알지 못했다. 필은 아내가 자기 외에는 다른 것을 생각하지 않기를 바랐다. 아내가 자신의 의견에 늘 동조하기를 원했다. 아내의 결정을 통제하고 싶었고, 자신에 대한 관심을 뺏을 만한 사람, 일, 아이디어로부터 아내를 분리하기 위해 적극적으로 노력했다. 한 사람에게 몰두

하는 이런 식의 강박은 현실을 왜곡한다. 처음에 칼라는 자신이 필에게 세상의 중심이라고 느꼈다. 그러나 드러난 진실은 칼라에 대해 필이 가지고 있는 이미지가 그의 세계의 중심이었으며, 실제 칼라가 그 이미지에서 벗어날 때마다 그녀는 거부당했다는 것이다. 칼라가 남편의 손길을 느낄 수 없게 된 것은 당연하다. 필은 칼라를 어루만진 것이 아니었다. 그는 아내에 대한 자신의 이미지를 만지고 있었던 것이다.

각자 서로를 잘 아는 진정한 친밀감은 정서적 친밀감으로 이어지고 쉽게 육체적 친밀감에 다다른다.

필의 이야기

칼라와 결혼했을 때 지구상에서 가장 사랑스러운 꽃을 얻었다고 생각했어요. 정말 상큼했고 수줍음도 많았죠. 마음만 먹으면 탱크도 막을 수 있는 우리 어머니와는 전혀 달랐죠.

그녀는 내가 말하는 것을 좋아했어요. 인정할게요, 난 그게 정말 좋았어요. 부모님이 내 말에 귀 기울인 적이 언제였을까요?

나는 칼라를 숭배했어요. 나에게 여왕과도 같았어요. 그야말로 여성적 우아함의 극치였죠. 나는 그녀에게 모든 것을 사 주고 싶었어요. 멋진 옷, 최고의 집, 그녀가 원하는 모든 것을요.

아내는 일할 필요가 없었어요. 왜 중요하지도 않은 일에 자신을 소모하나요? 내가 그녀보다 세 배는 더 벌어요. 내가 돌봐 줄 거니까 그냥 집에 있으면 되는 거였죠. 나는 아내에게 많은 것을 요구하지 않았어요. 집에 돌아왔을 때 준비되어 있는 따뜻한 식사, 문을 열고 들어가서 그녀의 사랑스러운 얼굴을 보는 것 그뿐이에요. 온종일 그것만 기다리죠. 그게 너무 무리한 요구인가요?

아내에게 바란 건 정말 그것뿐이었어요. 내가 도착했을 때 집에 있는 것, 저녁을 준비하는 것, 그녀와 사랑을 나누는 것. 이게 뭐가 문제인지 누가 설명 좀 해 보세요. 내가 아내를 얼마나 사랑하는지 모르겠어요? 내 목숨보다 더 사랑해요. 아내를 위해 기꺼이 목숨도 바칠 수 있다고요.

때릴 생각은 전혀 없었어요. 때리고 나서 내 손을 자르고 싶었어요. 너무 무서웠어요. 나는 아내를 때려도 된다고 생각하는 남자가 아니에요.

어찌 됐든 내 입장을 이해해 주면 좋겠어요. 그때 나는 그 백화점에 아내에게 줄 선물을 사러 갔어요. 내 모든 생각은 아내에게 집중되어 있어요. 난 아내에게 절대적으로 충실해요. 다른 여자는 쳐다보지도 않지요. 아무튼 나는 침구 코너 반대편에 있는 란제리 코너로 향하고 있었어요. 저쪽을 힐끗 보니 한 아름다운 여성이 웃고 있더군요. 너무 즐거워 보였고, 자기 여자에게 그런 기쁨을 주는 남자는 얼마나 행운인지 생각했어요. 그러다가 그 여자가 칼라라는 걸 알았을 때 나는 미쳐 버렸어요. 아무도 이해하지 못하나요? 칼라에게 그런 표정을 짓게 할 수 있다면 나는 켄터키주라도 몽땅 다 살 거예요. 그런데 다른 남자, 그것도 신부님이 그렇게 한다고요? 견딜 수가 없었어요. 아내는 내 것이에요. 나만의 것이라고요.

나는 선거에 대한 문제도 이해하지 못하겠어요. 칼라가 실수하지 않게 하려고 한 것뿐이에요. 아내는 저만큼 이 사람들을 잘 아는 게 아니잖아요. 켄 화이트는 내가 다니는 클럽의 회원이에요. 멋진 사람이죠. 공직에 있는 사람들을 아는 것은 우리에게 도움이 돼요.

나는 아내가 성적 흥미를 잃었다는 걸 믿을 수 없어요. 우리가 결혼했을 때 아내는 믿을 수 없을 정도로 순수하고 열정적이기까지 했어요. 나는 모든 방식으로 내 사랑을 표현해야 했지요. 말과 행동뿐 아니라 육체적으로도요.

치료사는 내게 칼라가 어떻게 생각하는지, 아내의 관심사가 무엇인지 알고 있는지를 물었어요. 나는 대답할 수 있어요. 아내는 깨끗한 집을 좋아해요. 요리하기를 좋아하고, 나에게 매력적으로 보이기를 좋아하죠. 그녀는 활동적인 것을 좋아하고, 좋은 의미로 구식이긴 하지만 진짜 숙녀예요.

또한 훌륭한 안주인이죠. 누구나 저녁을 먹으러 우리 집에 와서 즐거웠다고 말할 거예요. 아내는 사람들을 편안하고 환영받는다고 느끼게 만드는 방법을 알죠. 나는 항상 아내와 함께 있는 것이 매우 행복하고 자랑스러웠어요. 우리 둘만의 멋진 저녁을 많이 보냈죠. 내가 책을 읽거나 이야기를 하면, 그녀는 바느질을 하면서 경청했어요. 방금 내게 물어본 게 뭐였죠? 아, 아내의 관심사요? 맞아요. 아내는 접대하는 것과 수작업을 좋아해요. 칼라에 대해 더 얘기해 줄까요? 그런데 그게 무슨 상관이죠? 중요한 건 내가 아내를 사랑한다는 거잖아요. 아내를 위해서라면 뭐든 할 거예요. 그게 세상에서 가장 중요한 일이죠. 다른 건 중요하지 않아요.

이 결혼을 구할 수 있을까?

그럴지도 모른다. 일반적으로 한 사람이 하나의 엄격한 관점을 고수하고 다른 관점을 받아들이지 못하면 관계에서 항상 문제가 된다. 사물을 바라보는 방법은 하나뿐이고 그 관점 외에 다른 것은 없다고 믿는 것이

편하기도 하다. 만일 필이 어떤 것에 관해 알지 못한다면, 그것은 필에게 존재하지 않는 것이 된다. 필은 자신의 고착된 패턴을 깨뜨릴 만큼 칼라를 진정으로 사랑할 수도 있고, 자신이 숭배하고 통제할 다른 여성을 찾아 어둠 속에서 자신만의 삶을 이어 갈 수도 있다. 두 사람의 관계는 밀착된 관여와 진정한 친밀감의 차이를 잘 보여 준다. 헌신적인 관계에서 바람직한 친밀감은 신체적 · 정서적 친밀감, 서로를 잘 아는 것, 상대의 사고 과정을 이해하는 것, 그리고 관점 · 의견 · 태도 · 기호 · 이상 · 가치 · 목표의 차이점과 유사점을 인식하는 데 있다. 이러한 친밀감은 동의하지 않을 자유, 다른 것을 원할 자유, 다른 욕구를 가질 자유 또한 포함한다.

너무 큰 차이는 어떤가? 헌신적인 관계에서 지나친 거리란 무엇인가?

친밀감이 부족하다는 것은 내가 알려지지 않았다는 것을 의미한다

지나친 거리감의 원인 중 하나는 중요한 문제에 관해 이야기하지 않는 데서 비롯된다. 친밀감의 의미가 상대방이 나를 아는 것이라고 한다면, 친밀감의 부족은 상대가 나를 알지 못하는 데서 유래한다. 만약 부부가 욕구, 감정, 결핍, 문제에 관해 이야기하지 않으면 그들은 서로에 대해 잘 모른다고 느낄 뿐 아니라 거리감이 생길 것이다.

거리감은 배우자가 냉랭하거나 감정적으로 물러나 있는 경우, 한쪽 배우자에게 자신을 내보이지 않는 경우, 일이나 술 · 약물 · 물질 추구 · 출세에 집착하는 경우, 스트레스가 너무 쌓여서 자신에게서 헤어

나오지 못해 상대방을 보지 못하는 경우에 발생한다.

남편이 아내를 차갑게 대하는 이유는 무엇일까? 어렸을 때 감정을 무시하라고 배웠다면 자신과 소통하지 말라고 배운 것이다. 정서적 경계선은 우리 자신과 감정을 알아차리면서 발달한다는 것을 기억하라. 아이가 내면의 자아를 무시하도록 배웠다면 내면은 발달하지 않을 것이다.

불안과 소통하는 방법을 배우지 못한 사람이 어떻게 직장에서 돌아와 배우자에게 자신의 불안을 말할 수 있겠는가? 어떤 부분과 소통하지 않는다면 그 부분은 오래전에 차단된 것이다. 그런 사람은 그것이 존재한다는 사실조차 모를 수 있다.

느끼거나 느끼지 않거나

여성들은 종종 물구나무를 서서 남성에게 자신의 감정을 이야기하려고 한다. 그러나 그렇게 하려면 아프리카 부족 언어로 이야기하는 것이 나을지도 모른다. 여성들은 매우 감정적으로 되어 남성들이 애초에 감정을 끊기로 맹세한 이유를 상기시킨다. 즉, 통제력을 잃게 만든다. 감정을 느끼거나 느끼지 않는 것은 많은 남성과 여성을 양극화하는 엄청난 권력 투쟁이 된다.

남자아이들은 종종 자신의 가치가 자신이 누구인지가 아니라 자신이 무엇을 할 수 있는지에 달려 있다고 배운다. 존재가 아닌 행동에 초점이 맞추어져 있기 때문에 그들은 행동하는 것에서 도피처를 찾아 성장한다.

자신의 감정을 알지 못하거나 감정을 다루는 건강한 방법을 모르는 사람은 알코올 · 약물 · 음식 · 일 · 쇼핑 등에 중독되기 쉽고, 스트레스나 강박적인 취미 등 자신의 감정을 억누르는 모든 것에 취약하다.

해결책은 무엇일까? 어릴 때 배우지 못한 기술을 습득할 수 있도록 전문가의 도움을 받는 것이다. 치료사, 심리교육, 익명의 자조 모임 프로그램 등은 모두 숨겨진 자아를 발견하는 방법 및 자신의 감정과 다시 접촉할 수 있는 건설적인 방법을 제공한다. 도움을 받으면 다른 사람에게 상처를 주거나 충돌하지 않고 안전하게 있는 그대로 힘든 감정을 느낄 수 있다.

아내는 남편에게 감정을 가르치는 데 적합한 사람이 아니다. 결혼생활의 다른 문제가 그 과정을 방해할 것이고, 그러면 어느 쪽도 깨달음을 얻지 못할 것이다.

당신의 방과 나의 방

배우자가 서로 상당히 다른 경우 관계에서 거리감이 생길 수 있다. 많은 차이에도 불구하고 친밀감을 갖기 위해서는 탁월한 의사소통과 명확한 경계선이 필요하다. 친밀감이 두렵다면 자신과 아주 다른 사람을 선택해 보라. 거리감이 쌓이고 계속되는 싸움으로 둘 다 바쁠 것이다. 너무 몰입해서 친밀감이 없다는 사실도 깨닫지 못하게 될 것이다.

만약 내 삶의 지침은 물건에 의존하지 않고 단순하게 사는 것이고 상대방의 지침은 가능한 한 많이 소유하는 것이라면, 이 차이가 관계에 문제를 일으키지 않도록 매우 온전한 경계선을 가져야 할 것이다. 상대방의 물건이 내가 편안함을 느끼는 데 필요한 공간을 위협할 수 있다.

우리는 각자의 욕구에 맞춘 시각적 · 물리적 공간을 자유롭게 배치

할 수 있도록 집을 나의 방과 상대방의 방으로 나누어야 할지도 모른다. 우리는 내 가치관도 멋지고 상대방의 가치관도 괜찮은 것이며, 상대의 가치관에 대해 비난하지 않는다는 것을 받아들이기 위해 노력해야 한다.

친밀감에는 많은 노력이 필요하다

결혼 또는 헌신적인 파트너십은 가장 큰 신체적 · 정서적 친밀감을 허용한다. 이러한 친밀감은 서로에 대한 지식과 수용을 성장시킴에 따라 생겨 난다. 적절한 친밀감과 적절한 거리감 사이의 균형 잡기는 쉬운 일이 아니다.

거리가 너무 멀어지면 부부는 별개의 세계에서 분리된 삶을 살기 시작한다. 그들은 별도의 언어와 구성 요소를 발달시키며, 성적 만족도는 감소한다. 밀착되면 적어도 한 사람의 분리성이 사라진다. 상대방은 존중심을 잃을 수 있으며, 둘 다 상대방에 대한 고유성을 잃을 수도 있다.

따라서 결혼은 두 사람이 친밀감의 맥락에서 각자의 개성을 발전시키도록 도전하는 과정이다. 이 과정은 섬세하고 신중해야 한다. 서약만 하면 친밀감이 자동적으로 제자리에 고정되어 공항의 자동 트램처럼 당신을 앞으로 끌어줄 것이라고 믿는 경향이 있다. 그러나 사실 친밀감은 많은 노력이 필요하고, 신중하게 시작되어야 한다. 친밀감에 대해서는 9장에서 좀 더 자세히 살펴볼 것이다.

교우 관계

친구 사이에서 적절한 친밀감의 범위는 어디까지인가? 어떤 의미에서는 한계가 없다. 한 달에 한 번 함께 영화를 보러 가거나, 하루에 몇 차례 가장 어두운 비밀을 공유하는 것으로 우정을 쌓을 수도 있다.

친구 사이에서도 깊은 정서적 친밀감이 가능하다. 결혼 생활에서와 마찬가지로 친밀감의 핵심은 소통하는 것과 서로를 알아 가는 것이다. 때로는 신체적 친밀감도 우정의 일부가 된다. 친구들은 우정의 표시로 서로를 안거나 포옹할 수 있으며, 이는 따스함과 편안함을 느끼게 한다.

성적 친밀감(성적인 행동뿐 아니라 상대방에 대해 성적 매력을 느끼는 것)은 일반적으로 관계의 경계선을 변화시킨다. 정서적 친밀감이 갖춰지지 않은 성관계는 서로 간에 간극gap을 남긴다. 그 간극을 정서적 친밀감의 증대로 메우지 않으면 관계는 물론이고, 양쪽 모두 고통을 겪게 된다.

미국의 전통적 빅토리안주의Victorianism에 대한 반작용인 성 혁명은 성적 접촉을 우연한 만남까지로 확대했다. 한때는 성에 대한 제한이 너무 포괄적이어서 여성은 결혼 후에도 성생활을 즐기면 안 되는 것으로 여겼다. 여성들은 성에 관해 이야기해서도 안 되었다.

오늘날에는 고등학생들이 거의 알지 못하는 상대와 성관계를 맺을 정도로 진동 추가 반대 방향으로 움직이고 있다. 에이즈가 초래한 결과 중 하나는 성적 책임에 대한 것을 힘든 방식으로 배워야 했다는 점이다. 이제 우리는 성적 경험이 유대감을 가져온다는 것을 알고 있다. 또한 상처는 우리를 계속 무심하게 대하는 사람들과의 유대감에서 비롯된다는 것도 알게 되었다.

우정은 허용할 수 있는 친밀감과 거리의 범위가 매우 넓다. 서로가 자신을 알리고 상대방을 알기 위해 마음을 열면 관계는 더 친밀해지는 방향으로 나아갈 수 있다.

신체적 친밀감은 성적일 수도 있고 비성적일 수도 있다. 비성적인 신체적 친밀감은 양육과 위로가 될 수 있다. 성적 친밀감은 관계의 역동성을 변화시킨다. 정서적 친밀감과 힘든 일에 대해 명확하게 소통할 수 있는 능력이 선행된다면 관계를 향상시킬 수 있다. 성적 친밀감이 정서적 친밀감과 효과적인 의사소통에 기반을 두지 않으면 이는 관계의 문제, 고통, 거부로 이어질 수 있다.

부모와 자녀

아이들은 의식주, 안전, 보호 외에도 부모로부터 많은 것을 요구한다. 부모의 관심, 지도, 애정, 염려, 안전한 신체 접촉이 필요하다.

부모의 관심은 경계선을 발달시킨다. 자녀의 활동에 대한 관심은 자녀가 자신이 할 수 있는 일을 가치 있게 여기는 데 도움이 된다. 아이의 생각에 대한 관심은 아이가 자신의 정신 과정에 대한 감각을 확장하는 데 도움이 된다. 지도guidance는 아이로 하여금 특정 선택이 다른 선택보다 우월하다는 것을 깨닫도록 도와주며, 이는 경계선 발달의 필수적인 측면이다. 염려concern는 아이가 경계선의 한계에 가까워지고 있다는 것을 전달한다. 신체적 애정은 아이에게 소속감을 느끼게 하고, 구성원의 일부임을 알려 준다. 이는 모두 아이가 우리와 우리가 아닌 것의 경계선을 발달시키는 데 도움이 된다.

부모와 자녀 사이가 지나치게 멀거나 지나치게 가까운 것은 모두 문제를 일으킨다. 지나치게 먼 거리는 자녀에 대한 유기와 정서적 방임을 의미한다. 한편 지나치게 가까운 거리인 밀착은 자녀가 자신의 개성을 발전시키는 것을 방해하고 부모의 안녕에 대한 책임감을 지게 한다.

거리가 멀어질수록 마음은 더 차가워진다

왜 어떤 사람들과는 정서적으로 멀어질까? 특히 부모는 왜 자녀와 멀어질까? 왜 아버지는 자신의 욕구 충족을 위한 목적으로 딸을 바라볼까? 딸에게 아버지가 필요한 것이 더 마땅하지 않은가?

사람들은 부모의 영향, 약물 의존, 높은 스트레스, 충족되지 않은 욕구 또는 스스로 보호하지 못하는 무능력 등의 다양한 이유로 인해 정서적 거리감이나 밀착을 원할 수 있다.

우리는 우리가 양육받은 방식대로 아이들을 키운다

부모는 자신의 욕구가 충족되지 않거나 다른 방식을 배우지 않으면 자신이 양육받은 방식대로 양육할 가능성이 크다. 부모가 거리 두기만 알고 있다면 어떻게 친밀감을 형성할 수 있겠는가? 밀착하는 것밖에 모른다면 어떻게 한계를 설정할 수 있겠는가?

친밀감을 형성하려면 자신의 감정과 욕구를 알고, 그 감정들을 소통하며 자신의 욕구를 충족시키는 방법을 이해해야 한다. 의견 불일치를 해결하는 법, 분노를 다루는 법, 균형을 잡는 법을 알아야 하고, 다른 욕구나 감정이나 생각이나 반응을 존중할 수 있어야 한다. 멀리 떨어져 있거나 서로 밀착된 부모 밑에서는 이러한 기술을 배울 기회가 제한된다.

멀리 떨어져 있는 부모는 정서적 접촉이 너무 적다. 이런 경우 아이들은 정서적 자아를 발달시키기 위한 반영하기, 지도, 친밀감 또는 피드백을 충분히 받지 못한다. 반면에 부모와 밀착된 자녀는 자신의 감정, 생각, 가치관이 아닌 부모의 것으로 채워진다.

이러한 자녀가 성장해 부모가 되면 유사하거나 혹은 정반대의 부모가 되는 경향이 있다. 예를 들어, 소심한 부모를 둔 딸의 경우 냉담한 엄마가 되거나 자녀의 삶에 지나치게 개입할 수 있다. 자신이 자라면서 느꼈던 냉대로부터 자녀를 보호하고 싶은 마음이 너무 커서 자신도 모르게 그들과 밀착해 자녀의 분리성을 박탈할 수 있다. 부모가 될 때 우리는 우리의 부모를 모방하거나, 그 반대거나, 혹은 이 둘의 복잡한 조합이 되기 쉽다.

로라의 이야기

어린 소녀였을 때부터 나는 다른 사람의 욕구를 충족시키도록 훈육받았어요. 우리 할머니는 자선단체에서 봉사하는 일에 엄청난 시간을 쏟으셨어요. 사실 내가 자라는 동안 할머니는 내 곁을 자주 떠나 계셨죠.

할머니를 보면서, 그리고 너무 외로웠기 때문에 내가 다른 사람들을 위해 존재한다는 것을 일찍 깨달았어요. 특히 내가 할 일은 엄마의 필요를 충족시키는 것이었어요. 엄마를 보호하고 조부모님으로부터 엄마의 비밀을 지키는 것이었죠.

임신했을 때 나는 아기가 나에게 줄 것만 생각했어요. 아기는 나를 위한 존재, 내 것이 될 존재, 나에게 가족을 제공해 줄 존재라고 생각한 거죠. 나는 사과 한 봉지보다 가벼운 무게의 아이에게 너무 많은 것을 기대했던 거예요.

아기는 태어남과 동시에 죽었지만 나는 내가 어떤 부모가 되었을지 알 수 있어요. 아이가 내 욕구를 충족시켜 주길 바랐을 거예요. 그 당시 나는 좋은 교육을 받았고 학교 공부도 잘했지만, 효과적인 육아에 대한 정보를 전혀 접하지 못했거든요. 아마도 "지금은 안 돼, 나중에!", "귀찮게 하지 마, 나 바쁜 거 안 보이니?", "물 좀 가져다줘"와 같은 말을 수도 없이 했을 거예요. 나라도 그런 요구에 압박감을 느꼈으리란 걸 알 수 있어요. 나는 내 욕구를 충족시킬 수 없었어요. 그러니 도대체 내가 어떻게 아이의 욕구를 충족시킬 수 있었겠어요?

그것은 아이의 일이 아니다

부모 자신의 정서적 욕구가 충족되지 않는데 어떻게 자녀의 정서적 욕구를 충족시킬 수 있을까? 일부 부모는 이런 상황에서도 놀라운 일을 해내지만, 이는 마치 언덕 위로 둥근 바위를 밀어 올리는 것과 같다. 이러한 부모 중 상당수는 자녀를 위해 자신을 희생한다. 반면에 어떤 부모는 자신을 위해 자녀를 희생하기도 한다. 끊임없이 희생하는 자녀는 자신이 부모가 되었을 때 같은 역할을 반복함으로써 희생적인 모델과 그에 수반되는 분노를 대물림할 수 있다.

부모는 자신의 욕구를 충족하기 위해 자녀를 이용할 수 있다. 다음은 부모가 자녀를 이용하는 몇 가지 방법이다.

자녀가 부모를 돌봐주기를 기대함

자녀가 정서적으로 돌봐주거나, 어른들의 고민을 들어 주거나, 격려하고 위로해 주기를 기대한다. 아이에게 위로를 건넬 수 있는 타고난 능력이 있다면 좋겠지만, 그것이 아이의 전업이 될 수는 없다.

아이에게 어른의 결정을 요구함

아이들은 때때로 어른이 해야 할 선택을 강요받기도 한다. 부모의 안녕에 대해 책임감을 느끼도록 양육된 아이는 자신이 감당할 수 없는 역할을 강요받는다. 이 사실을 아는 아이는 모든 것에 대해 지나치게 책임감을 느끼거나, 많은 것을 감당하기에는 부적절하다고 느끼며 성장할 수 있다.

자녀와 밀착하기

자녀의 생각, 관심사, 활동에 지나치게 관여해 자녀의 삶을 대리하거나, 자녀를 부모의 복제품으로 만드는 경우다. 밀착은 부모의 절박한 공허감에서 비롯될 수 있다. 이 경우 부모는 아이의 삶으로 자신을 채우려 한다. 밀착은 또한 검증되었다고 느끼는 방식일 수 있다. 자녀는 부모의 관심사와 가치관의 복사본이 되어 부모의 선택에 힘을 실어 준다. 아버지가 사자 조련사면 아들도 사자 조련사가 되어야만 하고, 가족이 항상 땅콩을 먹었기 때문에 딸도 땅콩을 먹어야 하는 것과 같다.

힘을 느끼거나 분노를 표출하기 위해 아이를 학대하는 행위

근친상간은 부모가 강력해지고 싶을 때 발생할 수 있다. 이는 배우자 또는 해당 성별의 모든 사람에게 분노를 표출하는 하나의 방식일 수 있다. 자녀를 신체적으로 학대하는 것은 분노나 좌절감 또는 덫에 걸렸거나 압도당하는 느낌을 처리하는 또 다른 방법이다. 부모는 정서적 욕구를 해소하기 위해 자녀를 구타한다.

아이들은 욕구가 있어야 한다

아이들에게는 많은 것이 필요하다. 아이들은 일련의 요구 사항을 가지고 세상에 태어난다. 부모가 충족되지 않은 자신의 욕구에 압도당해 있다면, 아이의 요구가 너무 많다고 생각한다. 이런 부모는 언어적 또는 신체적 학대를 통해 아이의 요구를 짓밟거나, 냉정하고 소극적인 태도로 아이의 요구를 경청하지 않는 방식으로 거리감을 둠으로써 이러한 요구 공세를 처리한다. 그러면 아이는 방임과 유기를 경험하게 되고, 자신의 욕구를 부정당하며 자란 까닭에 이후 자녀에게 자신의 욕구를 충족시키도록 강요할 수 있다.

이는 매우 복잡하게 얽혀 있다. 하지만 부모가 자신의 감정을 다루고 욕구를 충족시키는 건강한 방법을 배울 수 있는 심리교육이나 치료, 회복프로그램을 시작한다면 피해를 멈출 수 있다.

최근에 있었던 부모 상담에서 매우 슬픈 일이 있었다. 아버지는 아내와의 권력 다툼에 아들을 이용하고 있었다. 부모 중 아버지는 더 나은 부모가 되는 법을 배우기 위한 치료를 받지 않겠다고 했다. 이는 아내와 가족을 잃을 가능성이 높으며 자신의 삶뿐 아니라 아들의 삶에도 악영향을 미칠 유산을 자녀에게 물려주겠다는 결정과 같다. 감정 느끼기를 두려워하는 아버지 때문에 두 세대 이상이 영향을 받게 될 것이기 때문이다.

약물 선택이 가장 먼저 온다

약물 의존 또는 강박은 관계에서 지나친 거리감을 두는 또 다른 원인이 될 수 있다. 물질에 중독되었거나 강박에 의존하는 경우, 매우 넓은 범위의 경계가 필요하다. 그것의 사용이나 공급받는 것을 방해하는 사람을 가까이 두어서는 안 되기 때문이다.

내가 강박적으로 일해야 하는데 당신이 시간을 내 달라고 하면, 내가 일하는 데 사용하고 싶은 시간 동안 당신과 거리를 둬야 한다. 그렇지 않으면 일에 필요한 시간과 에너지를 당신에게 빼앗길 것이다. 만약 내가 달콤한 사탕이 먹고 싶어서 부엌으로 가고 있는데 당신이 전화한다고 하자. 사탕을 바로 먹기 위해서는 당신의 전화를 무시해야 한다. 우리는 냉정함과 무반응으로, 날카롭고 짧은 대답으로, 상대방과 상대방의 욕구를 무시하는 것으로 사람들과 거리를 둘 수 있다. 또한 자신의 감정에 관해 말하기를 거부하거나, 중요한 문제에 관해 이야기하기를 거부하거나, 경청하기를 거부함으로써 거리를 둘 수도 있다.

알코올에 중독된 사람이든 산악용 자전거에 중독된 사람이든, 그들은 자신이 원하는 것을 방해할 사람들을 멀리해야 한다. 공급품과 섭취량과 사용하고 싶은 자신의 욕구를 둘러싼 비밀을 보호해야만 한다.

부모가 아이의 욕구를 충족시켜 주지 않으면 아이는 약물이 필요할 정도로 말초적인 상태가 된다. 그러면 아이는 건강한 삶으로 향하는 길에서 벗어나게 된다.

당신이 어떤 일을 겪든 아이에게는 계속 필요한 것이 있다

스트레스는 다른 사람들과 더 거리를 두고 싶게 만든다. 업무, 청구서, 질병, 충족되지 않은 욕구 등에 짓눌려 있으면 경청하고 베풀 수 있는 여유가 줄어든다. 안타깝게도 아이에게는 부모가 어떤 일을 겪고 있든 상관없이 계속해서 즉시 충족되어야 하는 욕구가 있다. 부모는 대금 청구서 납부 방법을 알고 싶어 하고, 아이는 자기가 하는 놀이에 대해 말하고 싶어 한다.

때때로 우리는 상황이 요구하는 것보다 더 많은 스트레스를 경험한다. 일반적으로 스트레스는 충분한 도움을 받지 못하고 있다는 신호다. 스트레스는 모든 일을 완벽하게 해야 하고 실수하지 않아야 한다고 스스로 만든 규칙, 흑백논리, 도움받지 않기, 조언받지 않기, 모든 것을 스스로 생각함으로써 신뢰하지 않기, 그리고 어린 시절에 살아남기 위해 만든 기타 규칙으로 인해 더 심각해질 수 있다.

때로는 스트레스가 주는 강렬한 느낌 때문에 스트레스에 중독되기도 한다. 질주하면 기분이 황홀해지는 것처럼 말이다. 우리는 사냥꾼의 예리함과 사냥감을 가지고 있다.

그 사이로 아이가 욕구를 가지고 다가오지만, 그런 아이가 눈에 들어오지 않을지도 모른다. "저리 비키렴. 얘야, 난 네가 아니라 이 일에 집중해야 해. 이건 돈과 관련되어 있어. 세상에서 가장 중요한 일이지. 이 일이 끝나면 너한테 갈게."

하지만 스트레스에 중독되어 있거나 우리 삶을 스트레스 상태로 두는 규칙에 의존한다면 아이에게 다가가지 못할 것이다. 그러다가 어느 날 고개를 들어보니 아이가 마약을 하고 있거나, 여동생을 때리고 있거나, 손주를 데리고 올 이유가 없는 성인이 되어 있는 것을 발견하게 될 수도 있다.

특정 선은 넘지 않아야 한다

맥락은 관계 내에서 적절한 친밀감과 거리의 범위를 정의한다. 어떤 맥락에서는 온전히 허용되는 행동이 다른 유형의 관계에서는 건강하지 않고 심지어 해로울 수도 있다.

친밀도를 측정하는 객관적인 척도가 없으므로 범위를 정확하게 정의할 수는 없다. 그러나 어떤 선은 넘지 않아야 한다. 부모의 성적 또는 권력 욕구를 충족하기 위해 자녀를 이용해서는 안 된다. 아이들이 어른들의 문제를 해결해서도 안 된다. 너무 먼 거리는 결혼 생활을 망칠 수 있다. 우리에게는 잘 모르는 사람들에게 우리 자신을 얼마나 드러낼 것인지를 선택할 권리가 있다.

만약 다른 사람과의 사이에 오고 가는 행동이 적절한지 헷갈릴 때는 관계의 유형을 생각해 보라. 그 행동이 해당 관계 유형의 범위 내에 있는지 생각해 보라. 이후에 다룰 5장은 정서적 경계선을 강화하는 데 도움을 줄 것이다. 자아에 대한 감각이 더 명확해지면 본능이 관계에서 무엇이 옳고 그른지를 알려 줄 것이다.

연습 3.1 부모의 경계선

당신의 부모님이 어떤 유형의 경계선을 지니고 있든지 그것은 당신의 성장에 큰 영향을 미쳤을 것이다. 이 연습의 목적은 이러한 영향을 파악하는 것이다.

1. 부모님(또는 주 양육자)이 어떤 방식으로 당신으로부터 거리를 두거나 멀리했는가? (복수 선택 가능)
   ① 당신이 열정적으로 흥분하는 일에 무관심함
   ② 학교 행사에 오지 않음(예: 학교 연극에서 배역을 맡았는데 아무도 오지 않음)
   ③ 당신과 한 약속을 어김
   ④ 당신의 성향을 모름
   ⑤ 당신의 사고 과정을 무시함
   ⑥ 당신의 관심사를 자주 놓침
   ⑦ 당신이 매우 걱정하는 일이 생겼는데 그냥 넘어감

2. 부모님이 어떤 방식으로 당신에게 밀착했는가? (복수 선택 가능)
   ① 부모의 생각을 강요함
   ② 부모의 성향을 당신과 공유함
   ③ 당신이 부모와 같은 감정을 느꼈을 것이라고 확신함
   ④ 당신에 관한 일을 부모가 선택하고, 그것을 당신이 따를 것이라고 기대함

3. 부모님이 다음에 해당하는 자신들의 욕구를 충족시키기 위해 어떤 방식으로 당신을 이용했는가?

   ① 권력

   ② 편안함

   ③ 즐거움

   ④ 스트레스 해소

   ⑤ 어른들의 문제 해결

   ⑥ 기타

연습 3.2 조부모의 경계선

양쪽 조부모님에 대해 알고 있는 정보를 바탕으로 당신이 추측한 그들의 경계선은 어떠했는가? 각 조부모님에 대해 밀착, 철회, 냉정함, 침범, 자녀가 자신의 필요를 충족시키기 위해 존재할 것이라는 기대 등의 패턴을 파악해 보라.

4

신체적 경계선

누가 당신을 만질 수 있는지 단호히 말할 수 있다

당신은 당신의 몸을 지키는 수호자다. 각 사람을 얼마나 가까이 다가오게 할지 모니터링하는 사람은 바로 당신이다. 다른 사람과의 접촉 정도는 당신이 결정한다.

당신의 삶은 당신의 것이다. 자신의 선택에 대한 책임은 본인에게 있다. 자신의 선택에 따른 결과는 자신이 감당해야 하며, 자기 몸도 그에 대한 자신의 선택에 따른 결과를 감당해야 한다. 무엇을 먹을지, 얼마나 운동할지, 어느 정도 휴식을 취할지는 당신이 선택한다. 내 몸의 관리는 내 손에 달려 있으며, 그 결과로 사는 것도 바로 나 자신이다. 만약 치실을 사용하기로 하면 잇몸을 건강하게 유지할 수 있다. 만약 계속 쫓기고 긴장하는 방식으로 살기로 결심한다면 당신은 고혈압, 질병에 대한 더 큰 취약성, 긴장된 관계를 안고 사는 사람이 된다.

당신의 경계선은 어디서부터 어디까지인가? 어디에서 다른 사람들을 멈추게 하고, 당신은 어디에서 시작하는가? 당신의 피부는 신체적 경계선이다. 또한 당신은 다른 사람과 당신 사이에 있는 사적인 공간도 모니터링한다. 한계를 설정하고 이를 다른 사람에게 알리는 것은 당신에게 달려 있다.

너무 가까이 다가오는 낯선 사람을 잘 알지 못한다는 이유로 괴로워할 필요는 없다. 상대방과의 사이에 편안한 거리를 유지하게 하는 것은 당신의 책임이다. 뒤로 물러나거나, 상대방과 당신 사이에 뭔가를 두고 서 있을 수도 있다. 또는 팔을 내밀며 "가까이 오지 마세요" 또는 "뒤로 물러나 주세요. 내가 당신에게 숨을 쉬면 한 달 동안 아플 수 있어요"라고 말할 수 있다. 유일한 예외는 당신이 무력해져서 치료를 받아야 하는 경우다. 이 외에는 당신은 누가 어떻게 자신을 만질지를 말할 권리가 있다.

내가 이 글을 쓰는 이유는 무엇일까? 마치 대학에 다니는 딸에게 편지를 쓰는 엄마처럼 이렇게 열정을 쏟아붓는 이유는 무엇일까? 많은 여성이 자신의 몸이 자기 것이 아니라고 믿는다는 사실을 계속 보았기 때문이다.

몸을 팝니다

최근 플로리다 지역을 여행하다가 비키니를 보고 깜짝 놀랐다. 내가 사는 미국 북서부 지역은 춥고 비가 많이 와서 비키니를 입으면 위협이 될 수 있다. 나는 다른 지역에서는 원단 부족 현상이 심각해서 그것을 보완하려고 수영복을 희생시킨다는 걸 몰랐다. 그렇다고 해도 나는 모든 연령대의 여성이 그런 옷을 입어야 한다고 생각하는 것이 슬펐다. 왜냐하면 그런 옷은 자기 몸을 다른 사람에게 판다는 메시지를 주기 때문이다. 물론 법 테두리 안에서 개인의 경계선은 자신이 원하는 대로 입을 수 있다는 것을 의미한다. 그러나 칵테일 냅킨보다도 더 보호할 것이 없는 차림으로 모래사장에 누워 있는 것은 편안할 수 없다.

화장품, 향수, 의류, 위생용품에 대한 많은 광고가 여성의 일은 다른 사람을 기쁘게 하는 것이라는 메시지를 전달한다. 우리가 이러한 제품에 돈을 지출하는 것은 적어도 부분적으로 여성들이 이러한 메시지를 받아들인다는 것을 보여 준다. 타고난 신체만으로는 충분하지 않으며, 결점으로 인식되는 것들을 보완하기 위해 옷과 물약이 필요하다는 메시지를 받아들였다는 의미가 된다.

무례한 코멘트는 나에 대해 아무것도 말해 주지 않는다

과체중인 사람이 조롱이 두려워 즐거운 무언가를 하지 않기로 결심한 순간, 그 사람은 다른 사람들이 자신의 몸매를 매력적이라고 생각하지 않으면 삶을 즐길 수 없다고 생각하며 사는 사람이 되어 버린다. 나는 과체중으로 인해 무례한 코멘트에 노출되는 사람들이 겪는 고통에 분노한다. 그들은 몸무게 몇 kg 때문에 자신이 열등하다고 믿는다. 그들은 수영을 하지 않는다. 안내 데스크에서 사이즈에 맞는 잠수복을 찾지 못할까 봐 래프팅 여행을 포기한다. 동창회에 가면 사람들이 자기 몸에 관해 이야기할까 봐 불참을 고려한다. 잡지 모델보다 자신이 열등하다고 생각하기 때문에 댄스파티나 결혼식에 가는 것을 망설인다.

나의 내담자들은 모두 아름답다. 그들은 모두 훌륭한 자질과 풍부한 지식, 독특한 재능을 가진 매우 귀중한 존재다. 외모지상주의가 극에 달한 이 나라에서 여성들이 다른 사람들의 무지로 인해 온전한 삶을 박탈당하는 것이 나를 분노하게 한다.

무례한 코멘트는 우리에 대해 아무것도 말해 주지 않는다. 그것은 단지 그 말을 내뱉은 사람에 관해 많은 것을 드러낼 뿐이다. 사촌 밀드레드가 가족 나들이에서 평소와 같이 "넌 반바지를 입으면 안 되지!"라고 비꼬는 말을 한다면, 나는 참을 필요 없이 그 말을 바로잡은 뒤 고개를 들고 당당하게 지나갈 수 있다.

나의 몸은 나의 것

아무튼, 나는 당신에게 적극적으로 말한다. 인생을 즐기고, 가고 싶은 곳에 가고, 하고 싶은 일을 하라. 외모를 가꾸는 데 돈을 쓰기보다는 당신의 삶과 건강을 위해 돈을 사용하라.

당신의 피부와 몸은 누구의 것도 아닌 당신의 것이며, 그것을 어떻게 대우해야 하는지 스스로 결정할 수 있다는 사실을 알기를 바란다. 당신은 당신의 몸과 함께 살아가고 당신의 몸과 함께 죽는다. 당신의 몸은 당신이 가고 싶은 곳으로 데려다 줄 수 있는, 세상을 여행하는 수단이다. 당신에게는 자기 몸에 대한 절대적인 소유권이 있다. 만약 누군가가 당신을 만지거나 포옹하는 것을 원치 않는다면 그렇게 하지 말라고 말하면 된다. 마음에 들지 않는 사람이 내 어깨에 팔을 올리거든 자리를 피하면 된다. 원하지 않는 어떤 종류의 접촉도 참을 필요가 없다.

법이 이를 뒷받침한다. 이 나라에서는 누군가의 신체를 해치는 것은 중범죄다. 누군가가 당신을 다치게 하거나, 목숨을 빼앗거나, 당신의 의사에 반해 성적인 행위를 하는 것은 범죄다.

극단적인 경우는 어떨까? 누군가의 접촉을 견뎌야만 한다면 어떻게 될까? 분명하게 말하지만 이것은 우리의 잘못이 아니다. 위험이나 부상의 위협을 받을 때 원치 않는 접촉을 감수해야 할 수도 있다. 그러나 대부분의 경우, 접촉을 원하지 않는 누군가가 나를 만지도록 두는 것은 나의 의사에 반해서 그가 죄를 범하도록 그냥 두는 것이다. 이는 나뿐 아니라 상대방에게도 해롭다. 우리는 누가 우리를 만질 수 있는지 결정할 권리를 단호히 행사할 수 있다.

예를 들어 상사가 너무 가까이 다가오면 참아야만 한다고 느낄 수 있다. 하지만 참았을 때 어떤 결과가 초래되는지 생각해 보라. 원치 않는 손이 내 몸에 닿는다. 자연스러운 반응은 그 손을 떼어 내고 자리를 떠나는 것이다. 그렇게 하지 않고 다정하게 미소를 지으며 그가 하는 행동을 모른 척한다면 나는 내 몸에게 자연스러운 본능은 중요하지 않다는 메시지를 전달하고, 내 감정에게는 자기 보호에 대한 욕구보다 돈에 대한 욕구가 더 크다고 말하는 것이 된다. 내 몸은 내가 원하지 않아도 다른 사람이 사용할 수 있는 도구이며, 내가 원하지 않더라도 다른 사람이 내 몸에 접근할 수 있다고 스스로 가르치는 셈이 된다. 나는 점점 위축되고, 나의 묵인이 내 영혼에서 철분을 빼내어 나를 약하게 만든다.

나의 상사는 어떻게 되는가? 그는 이미 알고 있는 사실, 즉 여성은 즐기기 위한 존재이며 권력은 다른 사람을 이용할 수 있다는 것을 다시 한번 확인하게 될 것이다. 앤드루 영Andrew Young이 말했듯이 "백 명의 사업가가 하기로 결심하면 불법은 없다." 그러나 진실은 그가 다른 사람을 희생해서 자신을 기쁘게 할 수는 있겠지만, 그의 영혼 역시 쇠약해져 간다는 것이다.

도나의 이야기

치료를 오래 받을수록 남편은 점점 더 화를 냅니다. 하지만 남편은 분노를 직접적으로 표현하지는 않아요. 대신 내게 필요한 것을 바로 주지 않고 미루거나 한 발짝 물러나 친정엄마에게 나에 관해 불평하죠. 나는 남편이 그냥 자신의 분노와 두려움에 대해 소리 지르고 솔직하게 털어놓으면 좋겠어요.

아버지가 저한테 저지른 일 때문에 성관계는 나에게 매우 어려운 일이에요. 정말 천천히 진행해야 해요. 먼저 많이 어루만지고 안아 줘야 하죠. 어릴 때 나는 너무 외로웠어요. 엄마는 냉정하게 일에만 집중했고, 아버지는 내 몸을 이용했지만 나의 내면을 위해 곁에 있어 주지는 않았어요. 내가 얼마나 외로웠는지 상상할 수 있겠어요? 나는 어릴 때 남자아이들과 어울렸어요. 누군가가 나를 안아 주길 바랐죠. 애정이 절실했어요. 지금도 그렇고요. 지금도 나는 잠시 안겨 있기 위해 성관계를 해요. 저녁에 내가 남편 옆에 앉으면 남편이 자리를 떠요. 남편은 나에게 화를 내기 전에도 항상 그랬어요. 결혼한 이후 몇 년 동안 남편에게 얼마나 안기고 싶은지 적어도 200번은 넘게 말했을 거예요. 나는 남편에게 팔로 꼭 안아 달라고 부탁했어요.

하지만 남편이 안아 줄 때마다 그의 손이 내 몸을 쓰다듬고 성관계를 시작하기까지 1분도 걸리지 않아요. 가끔은 성관계 없이 그냥 안아 주기만 하면 된다고 아무리 말해도 도무지 이해하지 못하더군요.

얼마 전에 상담을 받고 돌아왔을 때 얼굴이 빨갛게 부어 있었어요. 누가 봐도 내가 많이 울었다는 걸 분명히 알 수 있을 정도였죠. 그런데 내가 집에 들어가자마자 남편이 말했어요. “이리 와 봐, 내 사랑.” 그 말을 듣는 순간 황홀한 기분이 들었어요. 남편이 나를 위로해 주리라 생각했거든요. 하지만 내가 앉자마자 그는 나를 쓰다듬기 시작했어요. 마치 내 몸 안에 나라는 존재가 없다는 듯이 손으로 몸을 문지르고 있었어요. 나는 상담 때문에 지쳐 있었고, 그가 하는 행동에 충격을 받아서 아무것도 할 수 없었어요. 누군가가 나를 이용하는 일을 막을 수 없을 것 같았어요.

나는 남편의 얼굴을 보았지만 사랑이라고는 찾아볼 수 없었어요. 그는 화가 난 상태였고, 나에 대한 분노를 성관계로 풀려고 했어요. 그러나 나는 그를 막을 수 없었어요. 오히려 내게 문제가 너무 많다고 생각하면서 죄책감을 느꼈어요. 그가 원하는 성관계를 충분히 하지 못하는 것 때문에 책임감을 느꼈죠. 그래서 남편이 내 몸을 이용해 분노를 표출하도록 내버려 뒀어요.

나중에는 정말 끔찍한 기분이 들었어요. 나 자신이 고깃덩어리처럼 느껴졌어요. 어떻게 남자가 여자를 이런 식으로 대하면서 지금 상대방에게 무슨 짓을 하는 것인지 전혀 신경 쓰지 않을 수 있을까요?

이용하는 것은 이용하는 사람에게도 상처가 된다

이런 일을 겪어 본 사람이라면, 사람이 물건이나 도구처럼 이용되는 것이 얼마나 모멸감을 주는지 잘 안다. 하지만 이런 행동은 사람을 이용하는 사람에게도 상처를 준다. 다른 사람을 학대할 권한을 자신에게 허용하는 것이기 때문이다. 결국 둘 다 자신의 일부를 잃게 된다.

나는 도나에게 이 일에 대한 전적인 책임이 있다고는 조금도 생각하지 않는다. 도나의 남편은 성차별주의자, 비인격자, 학대하는 사람으로서 책임이 있다. 그러나 자신의 몸이기 때문에 이를 보호하는 것은 도나의 몫이다. 자기 몸에 대해 다른 사람이 품위 있게 행동할 책임을 요구하지 않는다면 신체적 · 정서적 · 성적 위해로부터 자신을 보호할 수 없다. 물론 어린 시절에는 대부분 무방비 상태에 있으므로 이것이 불가능할 때도 있다.

에시의 이야기

나는 결혼 생활 내내 한 걸음 한 걸음 내디딜 때마다 미끄러지는 산비탈을 오르는 것 같은 기분이었어요. 통제당하거나 당황하지 않을 때가 언제였는지 기억이 나지 않아요. 나는 항상 열심히 노력하는 사람이었기 때문에 열심히 노력했는데도 내 안에 아무것도 남지 않고 모든 것이 시작하기 전과 똑같아서 정말 놀랐어요.

지금은 내가 왜 그와 결혼했는지 기억도 안 나요. 나는 어렸고 집을 떠나고 싶었죠. 나만의 무언가를 원했어요. 누군가에게 소속되고 싶었어요. 그래서 그가 나를 데려가도록 내버려 두었어요. 내가 그에 대해 뭘 알았겠어요? 그가 나를 원했고 그것으로 충분했어요. 누군가에게 필요한 존재가 된 것 같아 기분이 정말 좋았어요.

나는 소매를 걷어붙이고 바쁘게 움직였어요. 내 유일한 관심사는 남편을 기쁘게 하는 것이었죠. 쇼핑몰에서 밝은 천을 사다가 화사한 커튼도 만들었어요. 지저분했던 그의 아파트를 깨끗이 청소했지요. 레시피를 찾아가며 요리도 했어요. 남편은 자신이 원하는 대로 살았고, 나는 그에게 질문하지 않는 법을 배웠죠. 내가 무언가를 원하거나 부탁할 때마다 그는 항상 내가 너무 많은 것을 원하는 사람이거나 멍청한 사람인 것처럼 만들었어요. 정말 이해하기 어려웠죠.

결혼 첫해, 첫 번째 집으로 이사했던 때가 기억나요. 어버이날에 가족을 초대해 바비큐 파티를 열었죠. 남편은 전날 캠핑하러 갔다가 제시간에 돌아오겠다고 했지만, 그러지 않았어요. 우리 가족이 도착해서 계속 "네 남편은 어디 있니?"라고 물었죠. 나는 몇 번이고 "폴 크릭에 캠핑하러 갔다가 시간 맞춰서 돌아오기로 했어요"라고 대답했어요.

나는 모든 것이 완벽하기를 바라며 많은 것을 준비했어요. 어른이 되었고, 결혼했고, 집을 마련했으니까요. 나는 안주인이 됐죠. 그런 의미에서 바비큐 파티는 나에게 중요한 상징이자 우리 가족에게 보여 주고 싶은 모습이었어요.

우리는 계속 남편을 기다리고 또 기다렸어요. 그러다가 결국 우리끼리 파티를 시작했고, 나는 가족에게 사과했어요. "그이가 왜 이렇게 늦는지 모르겠어요. 죄송해요." 파티가 끝날 때까지 그는 나타나지 않았어요. 우리 가족이 모두 돌아간 뒤에야 돌아왔죠.

"사실 집에 몇 번 들렀어. 하지만 당신네 가족이랑 마주치기 싫어서 길거리에서 농구를 했어"라고 말하는 남편에게 나는 아무 말도 하지 않고 설거지만 했어요. 기분이 정말 나빴어요. 그가 나의 불만을 알아차리고는 미안하다고 말해 줄 줄 알았는데, 전혀 그러지 않았죠. 나는 그가 알아차릴 때까지 계속 기다렸지만 끝내 미안하다는 말을 하지 않았어요.

남편은 담배를 자주 피웠어요. 겨울이면 집 안을 연기로 가득 채우곤 했죠. 나는 그것 때문에 아프기까지 했어요. 담배 연기 때문에 창문을 열면 남편은 비웃었어요. "너 왜 그래? 다 네가 마음먹기에 달렸어. 여긴 연기가 나지도 않잖아. 젠장, 창문 좀 닫아! 당신은 사소한 일을 너무 크게 만들어."

그는 자주 말없이 사라졌어요. 어디를 가는지 전혀 몰랐어요. 아무

데도 데려가지 않았거든요. 나는 혼자 집에 남아서 남편을 기다리곤 했어요. 그러면 몇 시간 후에 집으로 돌아오기도 하고 한밤중까지 들어오지 않기도 했어요. 남편은 대부분 집에 없었어요. 그와 대화할 때면 늘 조심스러웠어요. 내가 알고 싶은 것에 대해서만 조심스럽게 접근했죠. "여보, 저녁 식사를 준비하려는데 얼마나 만들어야 할지 확인하려고요. 오늘 집에서 저녁 먹을 거죠?" 그러면 남편은 "알았어"라고 말하고는 집에 돌아오지 않았어요. 그래도 난 기다리면서 집 안을 따뜻하게 하고 잘 유지하려고 노력했어요. 그는 밤늦게 제정신이 아닌 모습으로 발을 질질 끌며 들어오곤 했어요. "오늘 저녁 식사는 망쳤네"라고 내가 말하면, 그는 "뭐가 문제야? 난 열심히 일해. 나는 내가 하고 싶은 대로 할 수 있어"라며 식사하려고 자리에 앉았어요. 그러고는 음식이 질기거나 말라 버렸다고 불평하곤 했어요.

나는 남편이 왜 집에 오지 않는지 이해하지 못했어요. 좀처럼 이유를 말하지 않았죠. 아마도 나와 함께 있는 것을 그다지 마음에 들어 하지 않는다고 생각했어요.

알고 보니 남편은 마약을 하고 있었어요. 나는 마약에 대해 몰랐어요. 우린 가진 돈이 없었고, 남편은 직장을 전전했어요. 다니던 직장을 그만두고 다른 직장을 찾아야 하는 이유는 항상 '그것' 때문이었어요. 그는 일이 잘 풀리지 않는 이유를 지어 내곤 했어요. 항상 지각했고, 업무를 제대로 하지 못해 늘 수습해야 하는 일들이 생기면서 결국 일자리를 잃고 말았어요. 하지만 다른 일자리를 구한 후에도 늦잠을 자느라 제시간에 일어나질 못했어요. 나는 그가 또 일자리를 잃을까 봐 깨우려고 애를 썼죠. 그럴 때마다 남편은 말했어요. "걱정 좀 하지 마. 내가 알아서 할 거니까 그냥 좀 내버려 둬. 당신이 더 잘할 수 있을 것 같으면 나가서 일을 하든가. 난 노력 중인데 당신 때문에 자신감을 잃고 있잖아!"

우리는 집세를 감당할 수 없어서 집을 비워야 했어요. 다행히 친정 아버지가 소유하고 있는 한 건물의 아파트에서 지내게 되었죠. 나는 생계를 유지하기 위해 맞벌이를 시작했고요. 남편이 불만을 표할 때마다 나 자신을 고치려고 했어요. 그가 나를 사랑할 수 있도록 좋은 가정을 만들려고 노력한 거죠.

어느 날 밤 그가 집에 왔는데, 먹을 것이 하나도 없었어요. 가진 돈이 하나도 없었거든요. 그 당시 그는 막 약물치료를 마친 상태였고, 우리는 가난했지만 다시 일어서려고 노력하는 중이었어요. 나는 남편이 원하는 것을 들어주기 위해 열심히 일하느라 항상 지쳐 있었어요. 그는 먹을 것이 없는 냉장고를 뒤집어엎고, 집 안을 엉망으로 만들고, 거울을 주먹으로 깼어요. 나는 묵묵히 자리에서 일어나 치웠어요. 다음 날 남편은 무슨 일이 있었는지 전혀 기억이 나지 않는다고 했어요. "에시, 왜 이런 말을 지어내는 거지? 여긴 여느 때랑 같잖아"라는 남편의 말에 나는 "그건 당신이 어지럽힌 걸 내가 치웠기 때문이죠"라고 소리쳤어요. 그러자 그는 아무 말도 없이 나가 버렸어요. 내가 불평하면 항상 자리를 떴죠.

언젠가 결혼기념일에 저녁을 차렸는데, 양초가 접시까지 녹아 내렸어요. 남편은 끝내 나타나지 않았고요.

그가 나를 사랑하지 않는다는 생각이 어렴풋이 들었을 때 나는 더 열심히 노력했어요. 충분히 노력하면 결혼 생활을 유지할 수 있다고 생각한 거죠. 남편은 단지 사랑이 필요한 사람이고, 내가 충분히 사랑하고 원하는 대로 해 주면 그도 나를 사랑할 거라고 믿었어요.

우리 사이에 위기가 연달아 닥쳤지만, 그는 항상 핑곗거리를 댔어요. 나는 언제 말을 멈춰야 그가 나를 때리지 않는지를 알게 되었어요.

남편이 무슨 일을 하든지 나는 항상 그의 내면에 있는 궁핍한 어린 소년을 볼 수 있었어요. 내가 충분히 채워 주지 못하는 것을 보충하기 위해 약물을 찾는 거라고 생각했어요. 나는 너무 순종적이었어요. 그가 원하는 대로 하려고 계속 노력했거든요.

딸 마라가 죽고 난 어느 날, 그 사람 바로 밑에 서 있었는데 그가 나에게 침을 뱉었어요. 나는 너무 화가 나서 삽을 들어 그를 향해 던졌어요. 정말 때리려고 한 건 아니었어요. 그냥 내가 얼마나 화가 났는지 보여 주고 싶었을 뿐이었죠. 그런 다음 애완동물들을 차에 태우고 차를 몰기 시작했어요. 그는 창문으로 돌을 던지더군요. 남편은 나나 동물들이 심각하게 다칠 수 있다는 사실은 전혀 신경 쓰지 않았어요.

이런 식으로 폭력적인 사건이 있고 나면 남편이 사과하고 눈물을 흘리는 장면이 이어지곤 했어요. 그럴 때마다 이처럼 끔찍한 일을 저지를 의도는 없었던 굶주린 어린 소년을 보곤 했어요. 남편은 "당신이 걱정되어서 그래. 내가 더 노력할게"라며 변명했죠. 그는 내가 결혼 생활에 머물 수 있도록 충분히 노력했어요.

그러다가 남편이 자살을 시도한 후 치료를 위해 대출을 받았어요. 치료받는 동안 그는 마음을 열고 내면의 생각과 감정을 보여 주곤 했어요. 그럴 때면 나는 전적으로 호응해 주었죠. 하지만 치료를 종료하고 집에 돌아온 날, 그는 다시 비밀스러워졌고 자신이 하는 일을 숨겼어요. 내가 질문하면 남편은 "나를 못 믿는 거야?"라고 소리쳤어요.

이후에 네 번이나 더 치료받았어요. 그러는 동안 남편이 집에 늦게 왔는데 내가 문을 열어 주지 않아서 뒷마당에 있는 텐트에서 자기도 했어요. 그는 내가 자기를 믿지 못해서 치료 후에 이어지는 사후 관리aftercare를 망쳤다고 했어요. 눈이 충혈된 채로 걸어 들어왔고, 그 모습을 본 나는 내가 잘못했다고 생각했죠. 어쩌면 내 마음에 이런 생각이 자리 잡도록 그가 나를 이용하고 있는지도 모른다는 사실이 두렵기도 했어요.

어느 날 치료 후 후속 회복 모임을 마치고 집에 온 남편은 나를 사랑한 적은 없지만 대학에 다니며 자신을 돌봐 주는 나를 의지할 수 있을 것 같아서 결혼했다고 말했어요. 그가 약물에 의존하게 된 것도 내가 자신에게 많은 것을 허용한 탓이라고 했어요.

최악의 순간은 딸 마라가 태어났을 때였어요. 아침에 일어났는데 양수가 터져 있었어요. 남편은 "안 돼, 지금은 안 돼. 몸이 아프단 말이야"라고 말했고, 나는 완전히 무력감에 빠졌어요. "지금은 안 된다고요? 당신이 준비될 때까지 배 속에 아기를 품고 있는 게 가능할 것 같아요? 난 지금 병원에 가야 해요!" 그때가 오전 8시였어요.

우리는 차에 탔어요. 그는 "들러야 할 곳이 있어"라고 말하더니 북쪽으로 갔어요. 병원이 있는 시내와 전혀 다른 방향으로요. 남편은 어떤 남자의 집에 도착해서는 문 앞에서 "아내가 진통 중입니다. 아내가 병원에 입원할 수 있도록 50달러를 입금해 주세요"라고 말했어요.

남편은 그 남자를 차로 데려왔어요. 영화에서나 나올 법한 기묘한 장면이었죠. 그 남자는 임신한 아내가 차 안에 있다는 것을 확인하는 것 같았어요. 저는 미소로 그 확인에 응답해 줬죠. '맞아요, 난 임신했어요. 나는 이 사람 아내예요'라는 메시지를 무언의 미소에 담아 보낸 셈이죠. 나는 남편이 나를 병원에 데려가게 하려고 무슨 짓이든 할 용의가 있었던 거죠. 그 남자는 남편에게 50달러를 주었어요. 남편은 다시 차를 몰고 시내로 돌아왔지만, 이번에는 병원을 지나 남쪽으로 향했어요. "여보, 빨리 병원에 데려다줘요"라고 내가 다급히 말했지만 그는 "누굴 좀 만나야 해"라고 말할 뿐이었어요.

나는 너무 겁이 났고 무력했어요. 병원에 가고 싶다는 생각이 절실했어요. 빨리 치료받고 싶었고, 나를 도와줄 사람들과 함께 있고 싶었어요.

그는 한 마약 딜러의 집에 도착했고, 그 딜러가 차에 탔어요. 그런 다음 한 음식점으로 차를 몰고 가서 멕시코 남자 두 명이 나타나기를 기다렸어요. 나는 너무 무서웠어요. 진통이 오면 1분이 정말 길게 느껴지거든요. 게다가 그 1분이 얼마나 오래 지속될지 몰랐으니까요.

드디어 멕시코 남자들이 왔어요. 남편은 마약 딜러와 함께 차에서 내려 그 남자들과 함께 서 있다가 화장실로 들어갔어요. 그가 돌아왔을 때는 눈이 반쯤 감겨 있었어요. 나는 남편이 그 상태로 운전할 수 있을지조차 몰랐어요. 나는 그가 잠들까 봐, 자기가 무슨 일을 하고 있는지 모를까 봐 두려웠어요.

남편은 마약 딜러를 집으로 데려다줬고, 우리는 정오가 지나서야 겨우 병원에 도착했어요. 나는 아파트를 떠나기 전에 병원에 전화를 했거든요. 병원에서는 도착하기까지 왜 이렇게 오래 걸렸는지 궁금해했어요. 우리가 도착하기 훨씬 전부터 나를 기다리고 있었던 거죠.

의료진들은 분만실로 들어갈 때까지 걸어 다니라고 했어요. 남편은 담배를 피울 수 없다는 사실에 화를 냈어요. 내가 걷는 동안 그는 계속 화장실에 가서 담배를 피우거나 마약을 했어요. 두 시간마다 마약을 투약했어요. 나는 아무도 오지 않기를 바라며 복도에 서 있었고요. 여전히 아버지와 가족에게 이 사실을 숨기며 그를 감싸고 있었어요. 그는 화장실 손잡이를 훔치고 있었어요. 나중에 그걸 팔아서 마약을 사려고 했나 봐요. 너무 부끄러웠어요. 누구도 이런 사실을 몰랐으면 했어요.

36시간째 진통이 계속되었어요. 남편은 마약을 더 사려고 안절부절못하며 분만실을 들락거렸어요. 분만실에서 나와 함께 가만히 있는 걸 견디지 못했어요. 나는 너무 외로웠어요. 남편은 나와 함께 있지 않았죠. 우리 가족들이 도착해서 “남편은 어딨어?”라고 물었어요. 나는 그를 감싸줬어요. 그가 마약을 더 구하러 나갔다고 말하고 싶지 않았거든요.

아기를 어린이 병동으로 옮겼을 때도 남편은 없었어요. 나는 감염되어 중앙 병동에 입원해야 했고, 아기는 멀리 떨어진 다른 병동에 있었어요.

내가 병원에 있는 동안 그는 내 차를 완전히 파손하고, TV를 망가뜨리고, 모든 사람에게서 돈을 받았어요. 내 직장 동료들, 청소부들, 가정부들, 열심히 일하지만 수입이 많지 않은 사람들이 나를 위해 모금했어요. 1,000달러나요. 그들이 기부하기에는 많은 돈이고 나에게는 절실히 필요한 돈이었죠. 나는 그 돈을 숨겨 뒀는데 남편이 그걸 찾아내서 다 써 버렸어요.

아기를 보러 가려면 휠체어를 타야 했어요. 남편은 휠체어를 빌리거나 대여할 방법을 찾지 못해 병원에서 휠체어를 훔쳤어요.

우리 아기는 죽었고, 나는 장례식 전에 딸과 단둘이 시간을 보내고 싶었어요. 집에 가서 장례식장에 갈 준비를 하고 있는데 남편이 내 차를 타고 다시 사라져 버렸어요. 혼자 장례식장에 가야 하는 상황이 된 거죠. 결국 시아버지에게 전화를 걸어 데리러 와 달라고 부탁했어요. 나중에 남편은 마약을 하고 집에 들어왔어요. 그가 너무 경멸스러웠어요. 우리 딸에게 정말로 무례한 행동이었으니까요.

다시는 남편에 대한 감정이 예전 같지 않았어요. 처음으로 나는 그를 돌볼 수 없었고, 남편 스스로 정신을 차릴 수 없다는 걸 깨달았어요.

7년 후 나는 내 물건을 몰래 집 밖으로 빼내기 시작했어요. 그에게 들켰을 때, 그는 내 나무 조각과 어릴 때 받은 트로피를 박살 내고 보석 세공 도구와 가죽 작업 도구를 마약과 맞바꿨어요.

어느 날 집에 돌아와 보니 가구가 모두 사라진 상태였어요. 내가 소유했던 모든 것이요. 결혼반지와 할머니가 주신 금붙이도 없어졌죠.

나 스스로 일어서려고 할 때마다 그는 이런 식으로 상처를 주었어요. 내가 겪은 일을 말하는 게 힘들어요. 항상 "왜 참았어? 왜 그를 떠나지 않았어?"라고 묻기 때문이에요. 그러다 보니 내가 그 사람과 오랫동안 함께 지낸 것과 그를 위해 열심히 노력한 것이 부끄러워졌어요. 나는 남편으로부터 나 자신을 방어할 수 없었고, 지금도 그런 말에 대해 나 자신을 방어하는 데 어려움을 겪고 있어요. 항상 더 잘했어야 했다는 생각이 들거든요.

어떤 사람이 나에게 무슨 짓을 하든 그 사람이 나쁘거나 못된 사람이라고 믿는 게 정말 어려워요. 나는 항상 그 사람이 그렇게 행동하는 이유를 생각할 수 있거든요. 남편은 어쩔 수 없었어요. 그가 아무 생각이 없다는 뜻이 아니에요. 자신이 하는 일에 너무 몰두해서 그것이 아내에게 미치는 영향을 깨닫지 못한 거죠.

"아내가 진통 때문에 고통과 두려움에 시달리는데 네 시간 동안 도시 곳곳을 운전하는 것은 생각 없이 운전하는 것보다 훨씬 더 나쁘다"라는 치료사의 말을 수천 번 듣고 나서야 사람을 대하는 방식에는 한계가 있다는 생각을 갖게 되었어요. 나는 누구든지 자신이 원하는 방식으로 상대를 대할 수 있으며, 상대는 그것을 최대한 좋게 활용하면 된다고 생각하며 자랐어요.

여기에 맹점이 있어요. 나는 아직도 누군가가 극단적이거나 부적절하게 행동하는 것을 알아차리는 데 어려움을 겪고 있어요. 학대에 대해서 거의 무한한 관용을 가지고 있더군요. 나는 항상 '이 정도는 참을 수 있다'라고 생각해요. 그것이 인간이 견딜 수 있거나 견뎌야 하는 것의 95% 이상이라는 사실은 신경 쓰지 않아요. 나는 항상 견딜 수 있어요. 하루에 열 시간씩 학교에 가고, 아이를 위해 시간을 내고, 매일 밤 세 시간씩 숙제를 하고, 140km를 운전해서 아이를 어린이집에 데려다주고, 학교에 가고, 연구소에 가고, 다시 어린이집에 가고, 다시 56km를 운전해 집으로 돌아오는 등 엄청난 일을 하도록 나 자신을 몰아붙여요. 새벽 5시에 일어나 밤 11시에 겨우 잠자리에 드는 것이 피곤하고 힘들지만, 아이에게 쏘아붙이거나, 아이가 원하는 시간을 내주지 않거나, 제대로 먹이지 않으면 나 자신에게 화가 나고 죄책감을 느껴요. 내가 해야 할 일이 아무리 많아도 모든 것을 완벽하게 해내야 한다고 생각해요.

나는 나 자신에게 아무런 피해도 주지 않고 모든 일을 처리할 수 있기를 기대해요. 피곤하다고 느끼는 나 자신에게 화를 내기도 하죠. 나는 자기-학대를 인식하지 못했어요. 나의 불가능한 기대 때문에 자신이 학대받고 있음을 깨닫지 못했죠. 마치 티스푼으로 일주일에 석탄 10톤을 캐내는 일을 전적으로 책임지면서 "그게 내 일인가요? 좋아요. 내가 하죠!"라고 말하는 광부 같아요.

나는 현재의 시련을 이겨 낼 때까지 터벅터벅 걸어가는 느낌에 익숙해져 있어요.

우리는 피해자가 되려고 태어난 것이 아니다

극단적이거나 부적절한 행동을 구별하지 못하는 것, 학대에 대한 과도한 관용, 자기완성에 대한 불가능한 기대, 자신을 방어하지 못하는 것 등은 심각한 아동 학대의 명백한 증상이다. 만약 아이가 학대에 대해 유일하게 용납되는 대응이 살아남는 것이라고 배운다면, 성인이 된 후 자신을 방어하는 것이 용납된다는 것을 어떻게 알 수 있을까?

안타깝게도 우리 중 많은 사람이 물리적으로 통제당하거나, 누군가의 폭력이나 권력으로 인해 소중한 것을 빼앗긴 상황에 처한 적이 있다. 우리는 그런 피해에 대한 책임이 없다. 그러한 폭력이나 권력 남용의 불행한 결과는 자기 자신을 타고난 피해자로 믿게 된다는 것이다. 우리는 자신의 경계선을 지킬 권리가 있다는 감각이 없거나 잃어버렸기 때문에 다른 사람들이 우리에게 비폭력적인 범죄를 저지르도록 내버려 둔다.

에시의 경우, 그녀는 학대받을 필요가 없다는 것을 평생 믿은 적이 없었다고 주장할 수도 있다. 나도 동의한다. 어떤 아이들은 너무 방치되거나 억눌려서 말을 하기 전에 지나치게 신중하고 조심하는 법을 배운다. 이러한 조기 학습은 세심한 치료를 통해 문제를 뿌리 뽑고 치유하지 않는 한 세상을 바라보는 시각에 평생 영향을 미친다.

하지만 아기들도 불편함을 표현할 수 있으며, 어린아이는 겁을 먹으면 뒤로 물러나거나 "안 돼"라고 말한다. 그 첫 번째 물러서기, 곧 처음 '안 돼'라고 하는 말이 아이의 마지막이 될 수도 있지만, 그것은 정직한 방어다. 아이는 자연스러운 반응을 했다가 학대받으면 금방 억누르는 법을 배운다. 우리는 자연적으로 위험으로부터 자신을 방어하려는 경향이 있으며, 위해 입는 것을 두려워한다. 어렸을 때 해를 받아들이는 법을 배웠다면, 성인이 되어서는 자신에게 위해가 생기는 것을 세상의 이치로 여긴다. 우리는 그것을 견디며 어쨌든 계속 나아간다.

권한 부여

여기서 전하고자 하는 메시지는 권한 부여다. 만약 당신이 과거에 신체적·성적 경계선을 침범당한 적이 있다고 하자. 그때는 피해자였지만 이제 더는 피해자가 될 필요가 없다. 지금 이 순간부터 당신은 자신의 몸을 어떻게 대할지 결정할 권리가 있다는 것을 알아두길 바란다. 가벼운 접촉이라도 당신이 원하지 않는다면, 그것을 제거할 수 있다. 어떻게 그렇게 할 수 있을까?

당신의 어깨에서 그의 손을 떼고 한 걸음 뒤로 물러서며 "싫어요", "나를 만지기 전에 허락을 구하세요"라고 말한다. 그에 더해 "그건 내가 선택하고 싶어요", "다시는 그러지 마세요"라고 단호하게 말한다.

우리는 때때로 상대방이 무례하게 굴어도 예의를 지켜야 한다고 생각한다. 하지만 어떤 사람들은 메시지를 듣지 못한다. 이들에게는 더 강력한 메시지가 필요하다. "손가락 부러지기 싫으면 손 떼세요." "한 번만 더 건드리면 소리 지를 거야." "계속 이러면 사람들 앞에서 공개할 거야." "당신 배우자에게 전화해서 당신이 무슨 짓을 저지르는지 말해 주겠어."

가벼운 신체적 폭력이라도 자신을 보호할 때 강력한 메시지가 당신의 온몸을 통해 전달된다. 나는 나다! 나는 강하다! 나는 소중하다! 나는 나를 지킬 수 있다! 스스로 보호하면 자기 자신에게 힘을 실어 줄 수 있다.

다음은 신체적 경계선에 대한 미묘한 위반을 식별하고 멈추게 하는 연습이다. 상대방의 사소한 침해 행동을 그냥 이해하고 넘어가려고 하면, 당신의 고유성과 존엄성을 희생해야 한다는 메시지를 계속 자신에게 전달하게 된다. 도둑이 이기고, 당신의 선함에도 불구하고 당신은 결국 패배하게 된다.

사소해 보이는 대회에서 승리하는 방법을 배우면 강한 팀의 도전으로부터도 자신을 보호하고 승리할 수 있게 될 것이다. 피해자가 되는 법을 배울 때 이상한 점은 우리의 지위가 어떻게든 가해자에게 전달된다는 것이다. 누군가를 해치려는 사람은 군중 속에서 피해자를 아주 잘 골라 낸다.

이용당하지 않도록 스스로 더 많이 막을수록 자신을 피해자로 공표하는 일이 더 줄어든다. 무리에서 가장 약한 고라니를 스토킹하는 늑대 같은 가해자들은 당신이 강하고 용감해 보이면 그냥 지나칠 것이다. 자신을 보호하는 방법을 배움으로써 위협당할 범위를 줄일 수 있다.

연습 4.1 안전지대 보호하기

1. 오늘 하루 일상을 보내며, 사람들과 소통할 때 편하게 느껴지는 물리적 거리가 어느 정도인지 살펴보라.
2. 신뢰할 수 없는 사람이 너무 가까이 있으면 더 안전하다고 느껴지는 거리로 이동하라. 상대가 계속 거리를 좁혀 오면, 상대방과 당신 사이에 어떤 물건을 두라. 이용할 만한 것이 아무것도 없다면 팔을 내밀며 "멈춰요. 그 자리에 그대로 있어요"라고 말하라.
3. 배운 내용에 대해 친구와 이야기하라.

연습 4.2 **신체 보호하기**

1. 오늘과 내일, 어떤 접촉이 있을 때 그것을 알아차리라.
2. 그 사람이 그런 방식으로 나를 접촉하는 것이 괜찮은지 스스로 질문해 보라.
3. 원하지 않는다면, 그 사람의 접촉을 중단시키라.
4. 당신이 경험한 것을 친구에게 이야기하라.

5
정서적 경계선

에시의 이야기

치료사가 가계도를 그려 보라고 했을 때 나는 "어느 쪽이요?"라고 물었어요. 처음에 엄마는 우리 친아버지와 결혼했어요. 그런 다음 이혼하셨죠. 그 후 엄마는 크레이그 아저씨와 결혼했고, 아저씨한테는 아들과 딸이 있었어요. 아버지는 이브 아줌마와 결혼했고, 둘 사이에 딸이 있었어요. 이후 아버지는 이브 아줌마와 이혼하고 수지 아줌마랑 결혼했고, 몇 년 후 수지 아줌마와도 이혼하고 낸시 아줌마와 결혼했어요. 낸시 아줌마한테는 이미 딸이 있었죠.

나는 주로 엄마와 크레이그 아저씨와 함께 지냈어요. 열한 살이나 열두 살쯤이었을 때 아버지에게 같이 살게 해 달라고 사정했지만, 아버지는 안 된다고 했어요. 아버지는 엄마에게 그 얘기를 하면 아예 못 만나게 할지도 모른다고 했어요. 엄마는 만약 내가 엄마를 떠나면 자살할 거라고 했고요.

엄마가 크레이그 아저씨와 결혼했을 때 나는 네 살이었어요. 아저씨의 아들 루이스는 고등학생이었죠. 그의 생활 반경은 나랑 너무 달랐고, 그를 거의 알지 못했어요. 크레이그 아저씨의 딸 재키는 여덟 살이었는데, 나의 강적이었어요. 어린 시절을 떠올리면 재키가 나에게 상처를 준 수많은 사건이 기억나요. 내가 바닥에 앉아 있으면 재키는 내 손가락을 밟았고, 인형을 가지고 놀면 그것을 빼앗아 갔어요. 재키는 자신이 가장 중요한 아이라고, 자신은 예쁘고 나는 못생기고 뚱뚱하다고 말했어요. 자기는 똑똑하고 나는 아무것도 모른다고요. 내가 도서관에서 빌려온 책을 읽고 있으면 내 머리를 때리곤 했어요.

나는 엄마가 안정적이지 않다는 것을 알았기 때문에 엄마에게 이런 상황을 말하지 않았어요. 엄마의 건강이 걱정되었고, 다른 부담을 주고 싶지 않았거든요. 엄마는 충분히 고통스럽고 슬픈 상태였어요.

엄마는 나에게 자신의 걱정과 관심사에 관해서만 이야기했어요. 나한테 무엇이 중요한지는 물어본 적이 없었어요. 엄마는 내가 엄마에게 줄 수 있는 것 외에는 나를 알지 못하는 것 같았어요.

엄마의 첫 번째 관심사는 집이었어요. 항상 집안일을 했죠. 우리는 집이 엉망이 되거나 더러워지지 않도록 항상 조심해야 했어요. 엄마가 나 때문에 울고 책임감을 느낄까 봐 엄마에게 아무 얘기도 하지 않는 법을 아주 일찍 배웠어요. 어쩌다가 엄마에게 고민을 말하면 엄마를 귀찮게 했다는 죄책감이 들었고, 결국 도움을 받기보다는 엄마를 위로하는 것으로 끝났죠.

엄마가 포옹이 필요할 때를 제외하고는 안긴 적도, 엄마가 나에게 애정을 표현한 적도 없어요. 엄마가 나를 안아 줄 때면 마치 내가 엄마를 간절히 원하는 것처럼 나를 꼭 안아 주셨어요. 지금은 엄마가 나를 그렇게 안아 주는 게 싫어요.

또한 친아버지가 나를 데리고 할머니 댁에 방문했을 때 있었던 일로 인해 엄마에게 어떤 것도 이야기하지 않는 게 좋겠다는 큰 교훈을 얻었어요. 엄마와 할머니는 사이가 매우 좋지 않았고 서로 대화도 하지 않았어요. 할머니는 나를 간절히 보고 싶어 하셨지만, 엄마는 만나게 해 주지 않았어요. 그래서 할머니는 아버지에게 계속 전화를 걸어 데려오라고 부탁했고, 아버지는 그렇게 했어요. 나는 할머니를 만날 생각에 매우 흥분되었어요. 일곱 살쯤이었죠. 비밀로 해야 한다는 걸 몰랐기 때문에 엄마에게 그 일을 말했어요. 엄마는 너무 화가 나서 몇 년 동안 아버지를 만나지 못하게 했고, 내가 열세 살이 될 때까지 아버지 집에서 하룻밤도 지내지 못하게 했어요. 그때부터 나는 엄마에게 중요한 어떤 얘기도 하지 않았어요.

친아버지를 만나는 것은 내가 가장 좋아했던 일이기 때문에 아버지를 볼 수 없었던 몇 년은 정말 끔찍한 시간이었어요. 아버지와 함께 있으면 상처받지 않을 수 있었거든요. 또한 아버지는 나를 잘 알았어요. 나를 주의 깊게 지켜보고, 말도 걸어 주었죠. 아버지는 나를 이용하지 않았어요.

내 추측에 아버지는 누군가와 유대감을 형성하려고 노력하면서 자기 아내들에게 매우 애착을 갖게 된 것 같아요. 나는 아줌마들을 통해 아버지와 대화를 나누기도 했어요. 아버지는 내가 우는 것을 싫어했어요. 내가 울면 입을 꾹 다물고 아무 말도 하지 않았기 때문에 아버지와 함께 있을 때는 행복하고 수다스럽게 지내는 법을 배워야 했어요. 나는 즐겁게 지내는 법을 배웠어요. 그러나 아버지도 나의 고민에 대해서는 알고 싶어 하지 않았어요.

아버지가 주는 선물은 골칫거리였어요. 특히 재키가 자신에게 어울리는 것을 찾아내기라도 하면 평소보다 더 심하게 나를 괴롭히고, 내가 받은 선물을 찢거나 망가뜨리곤 했어요. 나는 크리스마스나 생일이 너무 두려웠어요. 재키는 아버지가 내게 뭘 주었는지 보려고 기다리곤 했어요. 숨기려고 하거나 별로 중요하지 않은 것처럼 행동해도 소용이 없었어요. 아버지가 크리스마스 때마다 재키에게 줄 선물을 함께 준비한다는 사실은 중요하지 않았어요. 재키는 여전히 내가 받은 것을 가져가거나 망쳐놓곤 했죠.

그때부터 사람들을 위해 변명하기 시작했던 것 같아요. 누군가가 고의적으로 심술을 부린다고 생각하지 않아요. 고의가 아니라 그냥 화가 나서 그러는 거라고 생각하면 뭐든 변명할 수 있죠. 남편이 나를 때릴 때 나는 그가 못된 사람이라고 생각한 적이 없어요. 엄마가 재혼하면서 엄마와 내가 재키의 집에 침입했기 때문에 재키가 못되게 구는 거라고 스스로 말하곤 했으니, 그럴 만하다고 생각한 거죠.

나 스스로 가치가 없다고 믿었던 것 같아요. 엄마에게 집이 그렇게 중요하고 재키가 나에게 했던 잘못된 일을 놓친 이유죠. 나는 엄마에게 주목받을 가치가 없는 존재라고 생각했고, 재키에게는 주목받지 않는 것이 더 낫다고 판단했어요.

집에 있을 때마다 목공 작업을 하며 숨어 버렸어요. 어떤 식으로든 특별해 보이고 싶지 않았고 특별한 것을 갖고 싶지도 않았어요. 그냥 혼자 있고 싶었어요.

나이가 들면서 엄마는 나에게 많이 의지했어요. 엄마는 항상 걱정이 많았죠. 돈 걱정, 크레이그 아저씨가 집에 오지 않는 것에 대한 걱정, 그리고 체중에 관한 걱정을 했죠. 크레이그 아저씨는 내가 집을 떠난 후 엄마와 이혼했고, 엄마는 나를 볼 때마다 우울해하며 그 얘기를 하고 싶어 했어요.

내가 지내는 아파트에 와서 필요한 물건이 없는지 살펴보고는 다음에 꼭 가져왔어요. 음식이나 식기 세트, 약간의 돈 같은 것이요. 엄마가 가져온 것은 모두 나에게 필요한 것이었어요. 하지만 엄마는 늘 엄마의 고민에 관해서만 이야기했어요. 내가 빨래하거나, 지하실 계단을 여러 차례 오르내리거나, 저녁을 차리거나, 아기를 목욕시키는 동안 엄마는 앉아서 이야기하기 바빴죠. 난 어렸을 때처럼 꼬박꼬박 답을 해 줘야 한다고 느꼈어요. 엄마의 삶이 더 나아지도록 도와야 한다는 책임감을 느꼈죠.

남편과 어려움을 겪고 있을 때 도움이 절실히 필요했던 만큼 엄마에게 말할 수도 있었지만, 엄마가 이런 상황을 아는 게 싫었어요.

제니의 이야기

[저자의 말: 제니는 자신의 이야기를 들려주면서 아주 어릴 때 발달한 인지 능력과 추론 능력에 대해 밝힐 것이다. 제니는 뛰어난 두뇌를 가졌고, 아마도 어린 시절 신동이었을 것이다. 이 이야기를 읽을 때 제니가 어린 시절 계속해서 오해받고 좌절했던, 그러나 탁월한 능력을 지닌 아이였다는 점을 기억하며 읽기를 바란다.]

어린 시절에 대한 기억이 정말 선명해요. 한 살 반이었을 때 있었던 일과 생각과 감정이 기억나요. 그때 남동생이 태어났고, 내 삶은 멈췄어요. 그러다가 치료를 받고 나서부터 삶이 다시 시작됐죠.

내가 두 살도 안 됐을 때 아기 옆에 이불을 덮고 앉아 엄마한테 "동생을 잘 돌보거라"라는 말을 들었던 기억이 나요. 그러면서 돌보는 것이 뭘 어떻게 하는 건지 몰랐고, 동생을 잘 돌볼 만큼 충분히 자라지 않았다고 생각했던 기억도 나요.

이 일을 선명하게 기억하는 이유는 아마도 그 사건이 나와 관련된 중요한 일을 설명해 준다는 게 드러났기 때문일 거예요. 그때부터 남동생이 가족 안에서 중요한 아이라는 사실이 분명해졌어요. 나는 요정 대모가 없는 신데렐라 같았고요.

내가 네 살이고 동생이 두 살이었을 때 동생이 나를 계단 아래로 밀었어요. 나는 바닥에 웅크리고 울었죠. 엄마가 왜 이렇게 소란을 피우냐고 물어서 이야기했어요. 엄마는 동생이 그랬을 리가 없다고 말하더군요. 내가 혼자 미끄러졌어야 했던 거죠. 동생은 자기가 원하는 물건을 내가 가지고 놀 때면 빼앗아 가곤 했어요. 그걸 다시 가져오면 동생은 대들었고, 못 가져가면 큰 소리로 울었어요. 동생이 울 때마다 엄마가 달려왔죠. 엄마는 방해받는 것을 싫어했고 나를 비난했어요. "애한테 무슨 짓을 한 거야?"라며 엄마가 소리쳤죠.

"아무것도 아니에요. 동생이 내 장난감을 뺏어서 다시 가져온 거예요"라고 말하면, 엄마는 "동생한테 줘. 넌 다른 걸 가지고 놀면 되잖아"라고 소리쳤죠. 이런 일이 벌어질 때마다 늘 내가 잘못하고 오해받는 것으로 끝났어요.

나는 혼자 놀거나 책을 읽거나 새를 보는 것만으로도 만족했어요. 그럴 때면 종종 동생이 다가와서 나를 때리곤 했어요. 나는 맞는 게 싫었고, 동생이 다시는 그러지 못하도록 그를 밀어냈어요. 그러면 동생은 소리를 지르고, 엄마가 오고, 내가 잘못한 게 되었어요. 동생은 전혀 잘못한 일이 없는 거죠.

내가 맞서 방어하면 동생은 엄마의 주의를 끌 것이고, 그러면 나는 곤경에 처하리라는 것을 배웠어요. 동생이 하는 일을 그냥 받아들인다면 적어도 엄마가 나에게 소리를 지르지는 않을 거라고 생각했죠.

무슨 일이 생기든지 엄마는 항상 나를 잘못한 사람으로 보았어요. 결국 동생은 내 책임이었고, 나는 놀면 안 되는 존재였어요. 나는 동생을 돌보고, 할 일을 주고, 지켜봐야 했어요. 내 역할은 동생의 엄마가 되는 것이었어요. 또 엄마는 항상 "넌 결혼하고 싶지 않을 거야. 아내가 되는 건 지옥이거든. 엄마가 되지 말아라. 그건 최악의 실수야"라고 말했죠.

4학년 때 크리스마스 연극에서 천사 역을 맡았어요. 정말 신났죠. 특별한 역할을 맡게 된 건 처음이었거든요. 아름다운 하얀 가운을 입고 날개를 달았어요. 날개를 달고 날아가 더 좋은 가족을 만나고 싶다는 내 꿈과 딱 맞았죠. 몇 주 동안 부모님에게 연극을 보러 올 거냐고 물었지만 아버지는 대답하지 않고 엄마는 '아마도'라고만 말했어요. 나는 내 열정에 빠져서 두 분이 나에게 관심 없다는 걸 몰랐어요.

연극을 하는 날 옷을 입었는데 정말로 천사가 된 기분이었어요. 드레스를 입고 날개를 단 내 모습이 아름다웠어요. 내게 옷을 입혀 준 어떤 아주머니가 내가 예쁘다고 말해 줬어요. 준비를 마치고 무대 뒤편으로 달려가 커튼 사이로 관객석을 들여다봤어요. 이미 많은 부모님이 모였는데 우리 부모님은 보이지 않았어요. 나는 부모님이 객석 어딘가에 있을 거라고 확신했어요. 연극이 시작됐는데도 여전히 보이지 않자, 늦게 오고 있거나 주차할 곳을 찾고 있거나 내가 못 본 거라고 생각했어요. 그러나 어느 순간 내 안의 희망이 사라졌어요. 나는 부모님이 결국 오지 않은 걸 알았어요. 이후 나는 냉소적으로 변했어요. 동생이 리틀 리그에 출전하는 것으로 부모님이 유난을 떨 때도 조금도 놀라지 않았죠.

아버지는 술을 많이 마셨어요. 부모님은 서로 폭언과 주먹다짐을 하며 싸웠어요. 열 살도 되지 않은 나이였지만 집을 떠나 어떤 삶을 살지 계획하기 시작했어요.

고등학교 때 여러 시험에서 정말 높은 점수를 받았어요. 하지만 선생님들은 내 시험 점수를 보고도 격려하거나 열정적으로 반응하지 않았어요. "와, 제니! 넌 네가 하고 싶은 건 뭐든 잘할 수 있어!"라는 말은 한 번도 들어 본 적이 없어요. 선생님들은 늘 "그건 중요하지 않아, 제니. 여자들은 성공하지 못해. 원하는 걸 골라 봐. 별 차이가 없으니까" 같은 식의 태도였어요.

고등학교 때 화학 수업을 들으면서 아버지에게 정말 힘들다고 했더니 "그게 힘들다고 생각하면 안 된다. 대학 공부에 비하면 아무것도 아니야"라고 말했어요. 아버지가 그런 얘기를 하도 많이 해서 대학 공부에 대해 두려움이 생겼어요. 아버지는 마치 내가 그걸 감당하기에 너무 부족하다고 말하는 것 같았어요. 그래서 졸업 후 비즈니스 학교에 진학했어요.

결국 나는 은행에 취직했고, 은행 업무의 모든 부분을 제대로 이해하기 위해 야간 과정을 추가로 수강했어요. 얼마 지나지 않아 계좌를 관리하는 신탁 담당자가 되었죠. 은행에 입사했을 때부터 여성의 임금은 항상 남성보다 적었어요. 아버지에게 이 사실을 말했더니 "당연하지. 남자들은 부양해야 할 가족이 있으니까"라고 하셨죠. 내가 "그럼 셜리는 어때요? 남편은 죽었고, 어린 자녀가 둘 있는데 한 명은 수술이 필요한 상황이죠. 그런데 셜리는 같은 직급 남성의 월급 절반만큼만 받아요"라고 했더니, 아버지는 "안됐네. 어떻게든 해내겠지"라고 하더군요.

임원이 되면서 맡게 된 계좌들이 있었는데, 모두 엉망이었어요. 이를 바로잡는 건 전임자의 조잡한 업무 처리를 폭로하는 것과 다름없는 일이었죠. 나는 고객에게 좋은 서비스를 제공해야 한다고 믿었기 때문에 해야 할 일을 할 수밖에 없었어요. 하지만 남자들이 나를 보는 시각에는 도움이 되지 않았어요. 나는 무슨 일이 있어도 클럽의 남자들을 지지하는 팀 플레이어가 아니었거든요. 그래도 고객들은 나를 좋아했고, 새로운 고객도 많이 생겼어요.

은행은 구조 조정을 했고, 나는 학위가 없다는 이유로 해고되었어요. 야간 과정으로 취득한 자격증은 학위용이 아니었기 때문에 인정받지 못했죠.

그 시점에서 나는 노력하는 것을 그만뒀어요. 집을 떠날 때만 해도 열심히 노력하고 규칙을 따르면 내 삶을 통제할 수 있으리라 생각했는데, 내가 틀렸어요. 나는 여성이 발언권을 갖기 전 시대에 살던 사람이에요. 어디든 선택권은 남자에게 있고, 여자는 수행해야 했죠. 정의감을 갖는 것, 불평등을 의식하는 것, 심지어 양심적인 것조차도 아무 소용이 없었어요.

젊을 때 알코올 중독자인 남자와 결혼했다가 그를 떠났어요. 아버지가 물려주신 작은 땅이 있어서 그 위에 집을 짓는 게 꿈이었지만, 남편과 헤어지면서 집을 살 돈을 마련하기 위해 땅을 팔아야 했죠.

결국 작은 집을 하나 샀어요. 처음으로 가진 내 소유물이었어요. 돈이 많지 않았기 때문에 세일이나 매장 폐업 행사로 나온 물건을 사다가 조금씩 꾸몄어요. 그런 다음 아버지, 남동생 부부, 엄마의 첫 번째 결혼에서 낳은 이복 여동생을 저녁 식사에 초대했어요. 나는 그들과 불과 30km 떨어진 곳에 살았지만 24년 동안 아버지는 단 세 번 나를 보러 왔고, 이복 여동생은 딱 한 번 물건을 팔러 왔고, 남동생 부부가 몇 번 왔어요.

상담을 받기 전까지는 그 모든 세월 동안 내가 우울증에 걸렸다는 사실도, 우울한 이유가 있다는 사실도 몰랐어요. 계속 노력했지만 왜 내가 다른 사람들에게 존재감이 없는지 이해하지 못했어요. 왜 나는 중요하지 않았을까요? 왜 한 번도 고려되지 않았을까요? 내가 여성이라서요?

온 가족이 함께 모이는 휴일에는 가족들이 우리 집에 오는 대신 내가 그들에게 갔어요. 그럴 때마다 가족들은 생색을 내면서 "여기 제니가 왔네요!"라며 인사했어요. 그런데 사실 그들은 이렇게 말하는 거였죠. "여기 다섯 번째 바퀴(굳이 필요가 없는 사람)가 있네요. 어디에 놓을까요?"

몇 번의 치료 후 나는 애써 노력하는 것을 멈췄어요. 그들의 가족이 되려고 노력하는 것도 그만뒀어요.

남편이 내 인생에 나타났을 때 나는 완전히 빠져 버렸어요. 그는 나를 친절하게 대해 준 첫 남자였어요. 따뜻하고 관심을 많이 주었으며 배려심이 많았어요. 나를 지지해 주고 내 재능을 소중히 여겨 주었죠. 어린아이가 사탕을 따라가듯 내 마음은 그를 따라갔어요.

그가 유부남이라는 사실이 나를 괴롭혔지만, 멈출 수가 없었어요. 내 인생에서 가장 중요한 가치관을 위반하고 있었지만, 사막에 비가 필요하듯 그가 내게 주는 것이 필요했어요. 20년 동안 이런 긴장 속에서 살았어요.

그가 이혼하고 유부남이라는 타이틀에서 벗어나자 새로운 문제가 생겼어요. 나는 우리가 매우 친밀하다고 생각했지만 매일 함께 지내게 되자 상황이 달라졌어요. 나는 남편이 나를 받아주고 깊은 내면을 이해해 주기를 계속 바랐지만, 남편은 내 말을 거의 듣지 않는 것 같았어요. 너무 화가 났죠.

우리에게 문제가 생기면 나는 문제를 해결하고 싶어 했어요. 남편이 문제를 해결하게 하려고 노력했지만, 가끔 남편은 나와 문제 그리고 문제 해결의 가치를 인식하지 못하는 것 같았어요. 나는 남편에게서 멀어진 것 같다고, 내 말을 들어 주길 바란다고, 그가 자신의 감정을 말해 주길 원한다고 말하곤 했어요. 하지만 그는 "난 괜찮아"라고만 말할 뿐이었죠. 그리고 두 시간 후에 사랑을 나누고 싶어 했어요.

내가 한 말을 한마디도 못 알아들었을까요? 그와 연결되지 않은 것 같다는 말을 사랑을 나누고 싶다는 말로 이해한 걸까요? 늘 이런 식이었어요. 불륜 관계일 때는 우리가 얼마나 다른지 몰랐어요. 내 생각에, 일주일에 두어 시간 진지하게 귀를 기울이는 건 누구나 할 수 있는 일인 것 같아요.

한동안은 헤어질 것 같았어요. 우리는 좋은 동반자고 그와 함께 있는 것이 즐겁지만, 말을 알아듣지 못한다는 느낌에 저는 항상 화가 났고, 그는 항상 압박감을 느꼈어요. 이 때문에 헤어질 것만 같았지요. 함께 상담받으면서 남편은 결혼을 취소하고 싶다는 생각이 더 명확해진 것 같았어요.

지금은 많은 것이 바뀌었어요. 나는 남편에게 기대를 덜 하는 편이에요. 그가 자신과 삶에 대해 덜 의식하는 것을 선호한다는 점을 천천히 이해하고 있고요. 나는 자의식과 관계에 대한 인식을 매우 중요하게 생각하기 때문에 남편이 그런 사람이라는 사실을 계속 부인해 왔어요. 오랫동안 일관된 증거가 드러남에도 불구하고 그의 기호가 나와 너무 다르다는 사실을 받아들일 수 없었거든요. 그를 의식하게 만들려고 계속 노력했어요. 남편이 놓치는 것을 보여 주면 열심히 잡을 것으로 생각했죠. 그런데 지금 보니 그것을 잡고 싶지 않았던 거예요. 그는 단순한 일상과 피상적인 접촉이라는 구름 속을 떠다니는 걸 선호해요.

이제는 모든 것이 바뀌었어요. 우리는 서로에게 편해졌어요. 더 가까워졌고요. 뭐가 달라졌을까요? 모르겠어요. 극단적인 일은 일어나지 않아요.

계속 치료를 받고 열심히 노력하면서 상황이 바뀌었어요. 매주 많은 것이 드러났어요. 두 살 이전에 잃어버렸던 나 자신을 다시 찾은 것 같아요. 예를 들면, 나는 내가 방치된 아이였고 학대받으며 살았다는 사실을 보지 못했어요. 나만의 삶을 살지 못하도록 프로그래밍이 되어 있었다는 사실도 몰랐어요. 내 인생의 목적은 동생을 돌보는 것이었어요. 동생을 키우느라 지쳐서, 그리고 모성을 격하시키는 엄마의 방식 때문에 나는 엄마가 되지 않도록 프로그래밍이 되어 있었어요.

나는 내가 좋아하는 직업을 선택하거나 고등 교육을 받는 것에 대해 좌절했어요. 여성으로서 내가 한 일은 아무것도 중요하지 않았어요. 심지어 내 남편도 없었어요. 다른 사람의 남편을 빌렸죠.

평생 엄마에게 분노를 느끼지는 않았지만, 엄마가 가르쳐 준 대로 하는 것과 하지 않는 것 사이에서 끊임없이 고민하며 살았어요. 엄마가 무엇을 하라고 하든 반항했어요. 여자는 집을 깔끔하게 유지해야 하지만, 은행을 떠나 애쓰는 걸 그만둔 후에는 내 영혼을 구하기 위해 집을 청소할 수 없었어요. 쌓여 가는 쓰레기를 보는 것은 싫었지만 물건을 치울 엄두가 나지 않았어요. 그래도 살기 좋게 깔끔하게 정리하고 싶었어요. 수년 동안 이 문제로 고심하다 보니 집이 편하지 않았고, 집을 정리하려고 하면 마비될 것 같았어요.

나는 사실상 내 인생의 전부라고 할 수 있을 정도로 여러 방면에서 이런 종류의 투쟁을 겪었어요. 그것이 나를 고갈시켰어요. 내가 진정으로 원해서 좋아하는 것인지, 아니면 엄마가 싫어할 것 같아서 좋아하는 것인지 알 수가 없었어요. 엄마를 거스르는 모든 선택은 나를 죄책감으로 가득 채웠어요. 모든 면에서 실패자라고 생각했어요.

치료 이후 많은 에너지를 얻었어요. 속박에서 벗어나 선택을 할 수 있게 되었죠. 엄마가 인정할 것이라는, 아니면 싫어할 것이라는 식으로 반응하는 대신 적당히 살 수 있게 된 거예요. 이제는 나만의 이유를 가지고 일을 하고 있어요.

나는 나 자신을 경청할 수 없었기 때문에 남편이 나에게 귀 기울여 주기를 간절히 바랐던 거였어요. 내가 묻혀 있던 곳에서 누군가가 나를 끌어내 주길 바랐지요.

이제 나 자신을 돌보게 되면서 남편과의 사이가 훨씬 좋아졌어요. 매주 새로워지고, 더 명확하고, 자유로워지고 있어요. 나는 나를 가졌어요. 나는 할 수 있어요. 나는 나 자신을 신뢰해요. 나 자신을 믿는 거죠.

오랫동안 구름 아래서 살았기 때문에 가끔은 구름이 다시 찾아올까 봐, 이 행복이 일시적일까 봐 겁이 나기도 해요. 하지만 이것이 진짜 나고, 예전의 슬프고 절망적이었던 나는 다시 찾아오지 않을 것이라고 점점 더 믿고 있어요. 무엇보다도 이 회복 과정을 계속해서 신뢰할 수 있다는 것을 믿어요. 더 오래 작업할수록 다른 자아가 출발한 기차 뒤에 남겨진 역처럼 더 멀리 떠나가고 있어요.

우리의 경계선, 우리의 자아(우리 자신)

에시와 제니는 쉽게 잊혔을지 모르는 밝고 지각 있는 여성들이다. 이는 사람들이 그들의 목숨을 앗았다거나 그들이 죽었을지 모른다는 의미가 아니다. 자칫 이 놀랍고 강력한 여성들이 가진 특별한 인식과 재능을 놓쳤을 수도 있다는 의미다.

심리 치료의 발전과 회복 과정에 대한 인식이 높아지면서 이들을 비롯해 어린 시절 학대나 방임으로 자아를 잃어버린 많은 남성과 여성들이 현실 세상으로 돌아왔다. 정서적 경계선의 발달과 자아의 발달은 밀접한 관련이 있다. 건강하지 않은 경계선은 건강하지 않은 자아상과 같고 건강한 경계선은 건강한 자아상과 같다. 자아가 없는 경계선은 구멍이 뚫린 풍선과 같다. 내부에 아무것도 없으면 풍선은 퍼져 버린다. 경계선이 없는 자아는 풍선 없는 공기와 같아서 모양도 없고, 형태도 없으며, 퍼져 있다.

에시와 제니는 모두 형제자매에게 학대받았다. 부모가 정서적으로 부재했기 때문에 학대가 계속되었다. 학대는 방치된 분위기에서 번성한다.

에시는 이복 언니의 학대, 엄마의 방임, 아버지의 무관심 속에서 부재한 부모의 눈에 띄지 않는 미묘한 방식으로 살아남았다. 그녀는 자기 자신을 포기했다. 의도적으로 고유한 존재에서 물러남으로써 자신을 보이지 않게 만들었다. 사람들 눈에 띄고 싶지 않아서 위험한 옷인 것처럼 자아를 벗었다. 그리고 아버지와 함께 있을 때만 안전하다고 느낀 에시는 이버지와의 만남이 단절될 위험을 감수할 수 없기에 아버지를 즐겁게 해 줄 거짓 자아를 만들었다.

에시와 제니는 자신의 물건에 대한 주인의식을 가질 수 없었다. 에시의 이복 언니는 에시가 소중히 여기는 모든 것을 망가뜨렸다. 제니는 동생과 자신의 모든 것을 공유해야 했다. 둘 다 안전하고 독점적인 자신의 것은 없다고 느끼며 자랐다. 그들은 거의 기대하지 않는 법을 배웠다.

자기를 가질 권리

어린 시절 내내 제니는 일관된 가르침을 받았다. 자신의 삶을 위한 삶이 허락되지 않았다. 오로지 남동생을 위해 살아야 했다. 하지만 제니는 매우 분명한 자아를 가지고 태어났다. 어린 나이에 강한 가치관을 가졌고, 자신의 감정과 자발적으로 접촉했다. 우리는 대부분 부모로부터 얻은 기준 외에는 다른 기준이 없다. 하지만 제니는 자신이 대우받는 방식에 문제가 있다고 말하는 내면의 목소리를 들었다.

그렇게 타고난 큰 힘이 무력화되었다는 것은 역기능 가정이 가지는 힘을 보여 준다. 부모의 질병이 아이의 건강을 무너뜨린 것이다. 제니는 자아를 가질 권리를 박탈당했다. 하지만 수년간의 억압 속에서도 제니의 불꽃은 살아 있었다. 이 불꽃, 자기 자신이 되고자 하는 강력한 욕구가 제니를 치료에 참여하게 했고, 그 내면의 불꽃이 타오를 때까지 그 과정에 전념하게 했다.

에시와 제니는 모두 그들의 개별성을 빼앗겼다. 경계선이 허용되지 않았고, 자아를 지킬 수 있도록 보호받지 못했다. 수많은 사람이 이런 상황에서 성장한다. 내면의 자아가 짓밟히거나 파괴된 껍질, 즉 타인의 꿈이나 가치관 혹은 증오나 분노 또는 마약과 공허감을 느끼지 않게 하는 것을 모으려는 욕망으로 가득 채워진 껍질 속에서 성장한다.

구축하고 허무는 것

정서적 경계선은 자아를 정의한다. 경계선에 대한 공격은 자아를 위협한다. 고유한 자아는 다른 누구도 복제할 수 없는 생각, 감정, 가치, 소망, 관점의 복합체로 구성되어 있다. 정서적 경계선은 이 복합체를 보호한다.

정서적 경계선을 구축하고 강화하는 것은 무엇일까? '아니오'라고 말할 권리와 '예'라고 말할 수 있는 자유다. 또한 감정에 대한 존중, 개인적 과정에 대한 지지, 차이에 대한 수용, 각자의 고유성 존중, 표현의 자유 등과 같은 것이다. 한편 정서적 경계선을 허물고 해를 끼치는 것은 무엇일까? 비웃음, 경멸, 조롱, 빈정거림, 냉소, 멸시, 비하, 꽉 막힌 소통, 순응 강요, 독선, 제압, 엄격한 판단, 모든 종류의 학대, 유기, 협박, 불안정 등이다.

이 책에 실린 여러 사례에서 보고된 심각한 학대와 방임이 척도의 한쪽 끝을 차지하고 있다. 그렇다면 우리의 정서적 경계선을 허무는 좀 더 가벼운 사례는 어떤 것들이 있을까?

당신이 아닌 다른 사람이 되는 것

실제 모습과 다른 사람인 척하는 것이 어떤 영향을 미치는지 생각해 보라. 내가 아닌 다른 사람이 되면 이질적인 행동과 태도가 나의 경계선에 들어와 진정한 나를 대체하게 된다. 이런 행동을 자주 하면 점점 자기 자신을 이상하게 느끼기 시작한다. 진정한 자신과의 접촉을 잃고 우리가 진정으로 원하고 필요로 하는 것이 무엇인지 알지 못하게 된다.

명확한 경계선은 개별성과 나다움을 지켜 준다. 당신은 개인이며, 구별화되고, 고유하며 개성이 있다. 당신의 역사, 경험, 성격, 인식, 가치관, 관심사, 기술, 우선순위, 싫어하는 것, 선호하는 것 등과 같은 고유한 조합이 당신을 다른 사람과 구별되는 존재로 정의한다.

자신을 정직하게 공유할 때, 자기 생각과 반응을 드러낼 때 자신과 타인 모두에게 정서적으로 자신을 정의하게 된다. 반면, 다른 사람의 견해를 취하는 척하거나 상충하는 의견을 숨길 때 당신은 자신과 타인의 경계선을 모호하게 만들게 된다.

불쾌하다고 생각되는 농담에 웃을 때 기분이 어떤가? 실제 견해와 반대되는 정치적 의견을 가진 척할 때 내면에서 어떤 일이 일어나는가? 자신의 진정한 모습을 부정하는 것은 기분 나쁜 일이다. 하지만 때때로 생존이 어떤 식으로든 위협받을 때는 그렇게 해야 한다고 느낀다.

이런 일을 겪은 적이 있는가? 빌은 사무실의 다른 직원들과 점심을 먹으러 갔다. 그들은 모두 새로운 재활용법에 반대했으나 빌은 그 법이 좋다고 생각했다. 그러나 그는 그 그룹에 속하고 싶었기 때문에 침묵을 지켰다. 자신의 경제적 생존이 그룹의 수용 여부에 달려 있다고 느꼈기 때문이다.

다음은 당신이 진정한 자아를 부정하고 정서적 경계선을 약화시키는 방식들이다.

- 동의하지 않는데 동의하는 척하기: "나는 그 색이 좋아." (사실은 그 색을 정말 싫어함)
- 진심 감추기: "나는 상처 받지 않았어." (사실은 끔찍하게 상처받음)
- 정말 하고 싶지 않은 활동을 하면서 자신이 하고 싶은 것을 말하지 않기: "그 영화 보는 것 괜찮아요." (사실은 차라리 산책을 하고 싶음)
- 정말 하고 싶은 활동의 참여를 거절하기: "괜찮아, 너희가 먼저 해." (소속감을 느끼기 위해 애쓰면서 자신의 한계 이상으로 자신을 밀어붙임)
- 너무 열심히 일함
- 너무 오래 일함

- 다른 사람을 위해 너무 많은 일을 함
- 피곤한데도 쉬지 않음
- 자신의 욕구를 무시함
- 규칙적이고 건강한 식사를 하지 않음
- 수면 부족
- 혼자 있는 시간이 너무 적거나 많음
- 운동량이 너무 많거나 적음
- 진정으로 나를 아끼는 사람들과의 연락이 부족함
- 여가 활동이 부족하거나 너무 많음
- 자아를 직면하는 것을 회피하기 위해 화학 물질 남용: 니코틴, 알코올, 카페인, 설탕, 마약 등
- 자신을 회피하기 위해 강박적으로 특정 행위에 집착함: 먹기, 굶기, 운동, 일, 쇼핑, 지출, TV, 섹스, 게임, 스포츠 등

만일 위의 사항에 익숙하다면, 당신은 원가족의 건강하지 못한 상황에서 살아남기 위해 자신의 의견을 희생하는 법을 배운 것이 틀림없다.

자신을 부정하는 것을 더 안전하다고 느낀다

어릴 때 받은 상처는 성인이 되어서도 자신에게 계속 위해를 가하도록 설정된다. 어릴 때 안전을 위해 자신의 생각이나 감정을 부정해야 했다면, 성인이 되어서도 자신의 진짜 생각이나 감정을 계속 부정할 가능성이 높다. 진실을 말하는 것은 매우 위험하고 생존에 위협이 되는 것처

럼 느껴지기 때문이다.

이는 참으로 딜레마다. 자신을 부정하면 더 안전하다고 느끼지만, 자신이 누구인지에 대한 감각이 모호해진다. 이와 같은 방식의 안전한 길은 자신의 정서적 경계선을 침범한다.

이런 딜레마에서 벗어나는 방법은 무엇일까? 어릴 때 경계선 발달이 심각하게 손상되었다면 치료하는 것이 가장 효율적인 방법이다. 어릴 때 시작된 문제에서 벗어나지 못하면 계속해서 그 문제를 반복해서 겪게 될 것이기 때문이다. 제인 미들턴모즈Jane Middleton-Moz는 "핵심 자아와 정체성에 트라우마를 겪은 아이들은 … 상사, 친밀한 관계, 자기 자녀들과 끊임없이 반복적인 투쟁을 하든지, 아니면 치료를 통해서 그 트라우마를 해결하고 성인의 삶에서 발달을 완성하기 위해 노력해야 한다"라고 말했다.[4)]

우리는 상사, 친구, 배우자, 동료, 자녀와 함께 이러한 문제와 끝없이 씨름하거나, 경계선을 구축하고 안전하게 지내는 방법을 알려 주는 전문가의 도움을 받기도 한다. 자아 감각과 정서적 경계선을 강화하기 위해 또 무엇을 할 수 있을까? 10장에서 그 방법을 살펴볼 것이다.

---

4) Jane Middleton-Moz, *Children of Trauma* (Florida: Health Communications, 1989), p. 64.

연습 5.1 **울타리 점검**

준비물: 주머니가 하나 이상 있는 복장, 가방 또는 주머니, 동전

1부

1. 가까운 곳에 은행으로 쓸 주머니 또는 가방을 두고 그 안에 동전을 충분히 넣어 두라.
2. 첫째 날과 둘째 날에는 자신의 생각이나 감정을 솔직하게 말하거나 자신을 위한 건강한 선택을 함으로써 진정한 자아를 강화할 때마다 은행 주머니에 있는 동전을 하나씩 꺼내 자신에게 보상으로 주라.
3. 매일 밤, 동전 개수를 세어 보라.

2부

1. 셋째 날과 넷째 날에는 자신에게 준 동전을 옷에 있는 주머니에 넣고 다니라.
2. 자신의 진정한 생각이나 감정과 다르게 표현하거나 해로운 선택을 함으로써 자신을 부정할 때마다 주머니에서 동전을 하나씩 꺼내라. 동전이 부족하다면 은행 주머니에서 꺼내라.
3. 넷째 날 밤에 자신이 가진 동전 개수를 세어 보라. 동전이 하나도 없어 은행 주머니에서 꺼냈다면 몇 개나 꺼냈는지 세어 보라.
4. 신뢰하는 친구와 함께 배운 내용을 가지고 토론해 보라.

연습 5.2	내적 결과

1부

1. 자신의 진정한 자아를 부정했던 한 사건에 집중해 보라. 그것에 대해 생각하고 느껴 보라.
2. 그 사건을 자세히 적어 보라. 자신을 부정했던 방식과 그때 감정이 어땠는지 기술하라. 그 사건이 끝난 직후 자신의 경계선을 상상해 보라. 당신의 경계선이 더 명확해졌는가? 당신 자신에 대한 감각이 더 뚜렷해졌는가? 경계선이 강화되었는가? 경계선이 모호해졌는가?

2부

1. 이번에는 자신의 진정한 자아를 주장했던 사건에 집중해 보라. 그것에 대해 생각하고 느껴 보라.
2. 그 사건을 자세히 적어 보라. 자신의 진정한 자아를 주장했던 방식과 그때 감정이 어땠는지 기술하라. 그 사건이 끝난 직후 자신의 경계선을 상상해 보라. 당신의 경계선이 더 명확해졌는가? 당신 자신에 대한 감각이 더 뚜렷해졌는가? 경계선이 강화되었는가?
3. 신뢰하는 친구에게 자신이 적은 글을 읽어 주라.

6
여러 종류의 경계선

개는 부르면 온다

경계선에는 다양한 종류가 있다. 단단하거나 유연할 수 있고, 투과성이 있거나 투과성이 없을 수도 있다. 경계선을 먼 거리에 설정할 수도 있고, 아주 가까이 설정할 수도 있다.

작가 메리 블리Mary Bly의 말에 동의한다면 개와 고양이가 이러한 차이점을 잘 설명해 준다. "개는 부르면 달려오지만, 고양이는 메시지를 받으면 답장을 보낸다."

내가 기르는 반려견은 가능한 한 나와 가까이 있기를 원한다. 늘 내 무릎에 올라와 앉아 있으려 하지만, 20kg이 넘는 몸무게 때문에 그렇게 할 수 없다는 것이 이 녀석의 삶에서 가장 큰 비극이다. 우리 집 개는 끊임없이 나를 의식하고, 자다가도 깨어나 나를 쫓아다닌다. 즉, 경계선이 매우 가깝게 설정되어 있다. 이 녀석은 집에서 키우는 다른 동물들에 대해서도 똑같이 매우 가까운 경계선을 기대하기 때문에 고양이들과 자주 다툰다.

고양이는 메시지를 받고 답장을 보낸다

고양이는 경계선이 매우 뚜렷하다. 대부분 고양이는 자신이 원하는 행동만 한다. 가끔 내가 가까이하고 싶을 때도 있지만, 가까운 정도와 시간은 고양이가 결정한다. 한동안 안고 있으면 고양이들은 충분히 안겨 있었다고 여기고는 일어나 소파 반대편이나 푹신한 다른 곳으로 가서 휴식을 취한다. 내가 일어날 때, 나갈 때, 들어올 때를 알아차리지만 하던 일을 멈추지는 않는다. 내가 방에 들어가면 한쪽 눈을 뜨고 보지만, 낮잠은 계속된다. 고양이의 경계선은 개보다는 더 멀리 설정되어 있고 덜 유연하다.

우리 집 고양이 중 한 마리인 프린세스는 플러프라는 이름의 개가 키웠다고 할 수 있다. 새끼 고양이일 때 플러프가 늘 프린세스에게 코를 들이밀고 핥았는데, 때로는 너무 세게 핥아서 프린세스를 바닥이나 벽으로 밀어붙이기도 했다. 이제 성묘가 된 프린세스는 다른 동물이나 사람에게는 절대 용납하지 않는 행동을 플러프에게는 허용한다. 프린세스가 방에 들어오면 플러프는 프린세스에게 달려가 격렬하게 핥는다. 플러프의 큰 혀가 프린세스를 축축한 걸레로 만들지만, 프린세스는 이를 참아 내고 깔끔한 선원처럼 등장한다. 대리모와 함께라면 프린세스의 경계선은 유연하다.

그건 내 일이야

경계선은 당신이 만나는 모든 사람과 얼굴을 맞대고 있는 것처럼 매우 가까울 수도 있다. 당신에게 주어진 질문에 모두 대답해야 한다고 생각하거나, 자기 생각과 감정을 누구에게나 드러내야 한다고 생각한다면 경계선이 너무 가까워진 것이다. 당신은 당신의 사적 생활에 대한 권리가 있다. 어떤 생각과 감정을 누구와 공유할지 선택할 수 있다. 누구도 당신이 지키고 싶은 정보에 대한 권리를 갖지 않는다.

누군가가 사려 깊지 못한 질문을 했을 때, 그 부족한 감수성에 대한 불이익을 굳이 당신이 감수할 필요는 없다. 누군가가 무심코 던진 질문에 다음과 같이 답할 수 있다. "얘기하고 싶지 않아요." "나 혼자만 알고 싶어요." "그건 내 일이에요." "그런 정보에 대해 알 권리가 있다고 생각하다니 놀랍네요." "저런! 그건 사적인 거예요."

취약한 부모

경계선이 너무 가깝거나 취약한 부모는 아이들에게 부적절한 정보로 부담을 줄 수 있다. 어른들의 문제에 노출된 아이는 자신이 문제를 해결할 수 있는 성숙함을 지녀야 한다고 생각한다. 자신이 줄 수 있는 것보다 부모가 더 많은 것을 요구하는 것에 대해 걱정하기도 한다. 이러한 아이들은 자신이 부적절하다고 생각하고 지나친 책임감을 느끼면서 자란다.

상대방의 상태를 흡수하는 사람

경계선을 너무 가깝게 설정한 배우자는 배우자의 기분 변화에 매우 취약해진다. 스펀지처럼 배우자의 모든 찡그림과 턱을 괴는 행동을 흡수하고 그것에 책임을 느낀다. 자신의 책임이 아닌 일을 떠맡을 수도 있다. 배우자를 위해 너무 많은 일을 하고, 자기 영역이 아닌 일까지 맡기도 한다.

반대로 경계선을 아주 멀리 설정하는 사람은 자기 내면과 매우 먼 거리에 울타리를 친다. 이 경우 적절하고 친근한 제스처조차 방해 요소로 보일 수 있다. 그런 사람은 고립되어 친구를 사귀는 데 어려움을 겪고, 안전한 사람들에게조차도 자신감을 표현하는 데 어려움을 겪으며 홀로 외로움 속에서 살 것이다.

먼 거리 경계선은 방임과 같다

부모의 경계선이 너무 멀면 아이는 지나친 거리 두기, 방임, 애정 및 건강한 접촉의 불충분, 유기, 양육자와의 유대감을 느끼지 못하는 데서 오는 두려움 등을 경험하게 된다. 부모의 거리 두기는 아이와 유대감을 형성하는 데 방해가 된다. 아이는 부모에게서 유대감을 느끼지 못하면 이를 감지하며, 부모에게로 향하는 아이의 일방적인 유대감은 두려움과 외로움을 느끼게 한다. 또한 부모의 거리감은 자녀가 부모와 유대감을 형성하는 것을 방해한다. 그런 아이는 다른 사람과 유대감을 형성하기가 어렵다. 부모의 사례를 따라 먼 거리 경계선을 설정하기 때문이다.

내면의 자아와 거리를 두는 사람은 배우자와 연결되는 데 어려움을 겪을 수 있다. 자신의 감정과 잘 접촉하지 못하고 소통하지 못할 수 있다. 또한 애정을 방해로, 관심을 염탐으로 해석할 수 있다. 질식할 것 같은 감정을 쉽게 느낄 수 있다.

가깝고도 먼

부모는 너무 가까우면서 너무 멀 수도 있다. 아이의 모든 비밀을 알고 싶어 하고, 특정한 방식으로 생각하고 행동할 것을 끊임없이 요구하면서 아이의 공간을 침범하기도 한다. 하지만 정서적으로는 아이와 함께하지 못한다. 이러한 부모는 자녀의 요구에 눈 감으면서 자녀에게 부모의 모든 욕구와 필요에 동참하고 정서적 지지자가 되라고 요구할지도 모른다.

물론 경계선이 매우 가까운 사람이 경계선이 매우 먼 사람과 결혼할 수도 있다. 이런 일은 늘 일어난다. 아내는 경계선이 너무 가까워서 보호받지 못하고, 남편은 경계선이 너무 멀어서 연결되지 못한다. 이는 관계 속에서 지속적인 긴장을 유발한다. 그래서 아내는 자신의 경계선을 포기하기도 하고, 혹은 남편에게 감정의 과정을 보여 주거나 남편이 자신의 개방성에 맞추도록 유인하기 위해 경계선을 더 가깝게 설정하기도 한다. 그러나 남편은 종종 이런 태도를 불쾌하게 여기고 더 멀어진다. 남편을 더 가까이 끌어들이려는 아내의 노력과 저항하려는 남편의 노력 사이에 있는 권력 투쟁이 이 관계의 핵심 문제가 된다.

삶에서 멀어진

경계선이 매우 경직되어 있으면 새로운 아이디어나 경험이 들어올 수 없다. 경계선이 매우 엄격한 사람은 유대감을 형성하기 어렵다. 그런 사람은 삶에 대한 관점이 좁고, 사물을 한 가지 방식으로만 바라보며, 자신의 시야 밖에 있는 문제에 관해 토론할 수 없다.

2장에 나오는 프레드는 감정의 존재를 부정했다. 프레드에게는 멀리 떨어져 있는 부모가 있었는데, 그들 모두 아들과 소통하는 데 한계가 있었다. 부모와의 연결이 부족했기 때문에 프레드의 감정은 표면으로 드러나지 않았고, 감정이 드러날 때면 과도하게 나타났다. 그래서 성인이 된 후 아내가 집을 나가는 것 같은 극단적인 상황에 처하자, 슬픔이 걷잡을 수 없이 터져 나오는 것을 피할 수 없었다. 평소에 통제력이 강했던 것과 달리 이러한 고통은 견디기가 너무 힘들어서 그는 가능한 한 빨리 그 고통을 가라앉히려고 했다. 결코 그러한 감정에 익숙해지지는 않았다. 그는 따뜻한 관심을 충분히 기울이면 그런 감정이 저절로 줄어든다는 것을 배울 정도로 감정에 충분히 오래 머물러 본 적이 없었다.

프레드는 고통을 통제하는 것뿐 아니라 즐기는 것도 쉽지 않았고, 행복한 일에 대한 감정에 솔직해지는 것도 쉽지 않았다. 그의 표정은 배심원들에게 연설할 때나 나들이할 때의 표정 같았다. 사실 그는 법정에서 더 열정적인 것처럼 보였는데, 이는 자신의 사건을 증명하기 위해 연출된 것이었다. 그는 자신의 목적에 부합할 때 감정적인 모습을 사용했다.

프레드의 아내는 그가 행동에 대한 타당한 이유 때문에 감정을 받아들이지 않는다고 불평했다. 만약 아내가 요리하는 것이 지겹다고 말하면 그는 아내가 비이성적이라고 주장했다. 지루함이나 흥미 부족을 정당한 이유로 여기지 않았고, 자신의 모든 토론 기술을 동원해 아내의 주장을 무너뜨리곤 했다. 한번은 아내가 저녁을 준비하기 싫다고 말했다가 세 시간 동안 말다툼을 벌인 적도 있었다.

프레드는 자신의 감정과 너무 단절된 까닭에 아내에게 돌처럼 반응했다. 아내의 개인적인 감정을 거의 인정하지 않았고, 아내가 걱정을 표현하면 경멸감을 담아 얼굴을 찡그리곤 했다. 그의 경계선은 너무 단단하고 불투명해서 평범한 인간을 경험하는 다른 사람들과 어울릴 수 없었다.

너무 유연한 경계선

반대로 경계선이 너무 유연해서 형태를 유지할 수 없는 경우도 있다. 동네 파티에서 에바는 이번 여름이 너무 더워서 집 밖으로 거의 나가지 않았다는 한 여성의 말에 동의했다. 15분 후 에바는 올해 여름이 훨씬 더 견딜 만했다는 또 다른 사람의 말에 동의했다.

에바는 카멜레온이었다. 무엇이든 가장 마지막에 하는 요구에 반응했다. 아이들을 학교에 데려다주기 위해 문을 나서는 길에 전화가 울리면, 아이들이 엄청 조르기 전까지는 전화 건 사람이 원하는 만큼 통화했다.

경계선이 너무 유연한 사람은 삶에 압도당하는 느낌을 받을 수 있다. 새로운 요구가 있을 때마다 주의가 산만해진다. 우선순위를 정하고 이를 지키는 데 어려움을 겪는다. 한 가지 일을 시작했는데 다른 일이 생기면 곁가지로 빠진다. 그래서 종종 무질서해 보인다.

너무 융통성이 많은 부모는 자녀에게 구체적인 일정, 명확한 한계, 명백한 기준에서 오는 안정감을 제공하지 못한다. 이러한 부모는 자신의 필요를 보호하지 못하고 다른 사람의 필요를 존중하는 법을 배우지 못하는 이기적인 자녀를 키울 수 있다. 우선순위를 정하지 못하는 부모, 예를 들어 항상 지각하는 부모는 자녀에게 자신이 중요하지 않고 버림받았다고 느끼게 할 수 있다. 우선순위를 정하지 못하기 때문에 자녀를 우선순위로 두지 못한다.

같은 부모라도 어떤 면에서는 너무 엄격할 수도 있고, 또 다른 면에서는 너무 유연할 수도 있으며, 또 어떤 면에서는 딱 맞을 수도 있다. 하지만 너무 유연한 부모는 자녀에게 조종당할 수 있으며, 이는 자녀에게 너무 많은 권한을 부여한다. 아이들에게는 한계와 구조가 필요하다.

경계선이 너무 유연한 배우자는 짜증을 유발하고 신뢰할 수 없게 된다. 한계를 설정하지 못하는 것은 때로 관계 밖에서 부적절한 애정으로 귀결될 수 있다.

경계선이 너무 유연한 사람은 파트너나 배우자를 선택하지 못할 수 있다. 자신을 필요로 하는 사람이면 누구에게든 응해야 한다고 생각해 자신의 선호도는 고려하지 않고 단순히 상대방이 요청했기 때문에 결혼할 수도 있다.

너무 유연한 경계선은 결혼 생활에서 짜증의 원인이 될 수 있다. 아내는 남편의 무질서에 짜증을 낼 수 있다. 남편은 구두닦이 기계를 보는 순간 갑자기 다른 계획이 떠오르면서 극장표 예매하는 것을 잊어버릴 수도 있다.

고무줄 같은 경계선은 결혼 생활에 해를 입힐 수 있다. 아내는 파티에서 남성이 너무 가까이 다가오게 하거나, 혼인 서약을 위반하는 신체 접촉이나 애정을 허락할 수 있다. 남편은 다른 사람에게 매우 민감하게 반응하는 아내에게 신뢰를 잃을 수도 있다.

상대방은 어디에서 멈추고 나는 어디에서 시작하는가?

경계선이 쉽게 침투되면 서로 밀착하게 된다. 두 사람이 밀착되면 서로 너무 섞여 버려 어느 쪽이 어디에서 멈추고 다른 쪽이 시작되는지 확신할 수 없다. 어머니가 딸을 독립시키지 못하면 딸의 경험을 자신에게 일어나는 일로 인식하게 된다.

수지는 엄마를 가장 친한 친구로 생각했다. 수지의 십 대 시절 친구 중에는 자신의 엄마처럼 딸과 잘 어울리는 엄마를 둔 친구가 없었다. 수지와 엄마는 옷을 맞춰 입고, 같은 음악을 들었다. 수지의 엄마는 딸이 배운 춤을 배웠고, 모든 경기에 함께 다녔다. 그러던 어느 날 수지가 친구에게 자기 머리를 자르게 했는데, 친구가 머리를 엉망으로 자르고 말았다. 그 모습을 본 수지의 엄마는 "어떻게 감히 그런 모습으로 돌아다닐 수 있니?"라고 말했다. 그러면서 한마디 덧붙였다. "사람들이 날 어떻게 생각하겠어?" 부모의 정체성이 자녀의 정체성에 몰입되면 둘 다 잃게 된다. 아이는 자아감을 발달시키는 데 어려움을 겪고, 부모는 자신의 실제 나이에 맞는 과업에서 이탈하게 된다.

어린 시절을 제대로 보내지 못한 채 생존에만 집중했던 부모는 특히 이에 취약하다. 그들은 과거로 돌아가 아이였을 때 놓쳤던 재미를 느끼고 싶어 한다. 안타깝게도 잃어버린 어린 시절은 되찾을 수 없다. 어릴 때 놓친 것이 있다면 다른 사람을 통해서가 아니라 스스로 해결해야 한다.

부모에게 밀착되어 자란 아이는 배우자에게 밀착될 가능성이 높다.

그런 아내는 남편의 태도, 관심사, 목표를 마치 자신의 것인 듯 받아들인다. 자신의 관점이 아닌 상대방의 관점으로 바라본다.

서로를 위해 말하고, 서로를 위해 대답하고, 상대방이 사건에 대해 반응하듯 자신도 반응하는 것은 밀착의 징후다. 마치 한 사람이 자신의 마음과 몸 안에 다른 사람을 품고 다니는 것과 같다.

혼합하거나 조화하거나

역기능 가정 사람들은 경계선이 뒤죽박죽 혼합되어 있을 수 있다. 남편의 경계선은 남성들에게는 매우 투과성이 있고 자기 가족에게는 지나치게 경직되어 있을 수 있다. 아내의 경계선은 과식할 때는 아주 유연하고 설탕 금단증상이 있을 때는 매우 경직될 수 있다.

그렇다면 건강한 경계선을 원하는 사람의 목표는 무엇일까? 어느 정도의 유연성을 가진 명확한 한계가 있는 경계선을 형성하는 것, 즉 낯선 사람과의 관계에서는 밖으로, 친밀한 관계에서는 안으로, 상황에 따라 적절하게 유연하게 조화하도록 움직이는 경계선을 형성하는 것이다. 경계선은 우리의 개별성을 보존할 수 있을 만큼 뚜렷하면서도 새로운 아이디어와 관점을 인정할 수 있을 만큼 개방적이어야 한다. 경계선은 우리의 가치와 우선순위를 명확하게 유지할 수 있을 만큼 확고해야 하며, 적합한 사람들에게 우리의 우선순위를 소통할 수 있을 만큼 개방적이고 유연해야 한다. 또한 무분별하고 비열한 사람들의 공격을 견딜 수 있을 만큼 단호하고 강직해야 한다.

경계선 상태는 매우 중요하다

"우주의 모든 것은 경계선으로 둘러싸여 조직된 것들로 이루어져 있다." 영국 태생의 금속학자 시릴 스탠리 스미스Cyril Stanley Smith의 말을 인용한 리처드 로즈Richard Rhodes의 글이다. 로즈는 스미스가 "내가 아는 누구보다 기본을 잘 지키고 있으며, 그가 생각하는 기본 중 하나는 경계선이다"라고 말한다.

스미스에 따르면 "내부의 유기체가 번성할지 여부는 경계선의 조건이 결정한다"라고 로즈는 설명한다. "경계선이 너무 단단하고 투과성이 없으면 유기체는 먹이를 먹거나 숨을 쉬거나 노폐물을 배설할 수 없으며, 자기 외부의 우주와 효과적으로 소통할 수 없다. 반대로 경계선에 구멍이 너무 많으면 우주와 충분히 격리되어 기능을 발휘할 수 없기에 정체성을 잃게 된다. 아메바와 인간, 별과 국가, 모두 경계선 조건이 중요하다."[5)]

베를린 장벽이 만들어 낸 철의 장막으로 상징되는 경직되고 불투명한 경계선은 그것이 둘러싸고 있는 문화를 통제하고 형성했다. 그러나 장벽이 무너지고 우리가 알던 철의 장막이 사라진 오늘날, 동독과 서독은 점진적으로 서로를 포용하고 있다. 특히 서독은 동독을 변화시키고 있다.

미국의 경우, 건국 초기부터 모든 대륙에서 온 이민자와 난민들은 미국 땅에 상륙한 후 그들의 경계선을 포기했다. 미국인이 되고자 하는 절박함 때문에 많은 사람이 자신을 낳은 문화를 기꺼이 버리거나, 아프리카계 미국인이나 아메리카 원주민들처럼 권력자들에 의해 고유한 문

---

5) Richard Rhodes, "Beyond the Wall," *Rolling Stone*, March 8, 1990, p. 92.

화를 박탈당하기도 했다. 이러한 모든 전통의 상실은 우리 모두의 손실이다.

건강한 경계선은 고립시키지 않으면서 보호하고, 가두지 않으면서 포함하며, 외부와의 연결을 허용하면서 정체성을 보존한다. 좋은 경계선은 좋은 이웃을 만든다.

연습 6.1 밀착 드러내기

밀착을 나타내는 진술을 식별해 보라.

1. "여보, 제니(딸)랑 저녁 먹으러 나갑시다. 제니가 뭘 먹고 싶어 할까?"
   "(제니에게 물어보지 않고) 시애틀 그릴이죠."
2. "여보, 오늘 기분이 어때?"
   "기분이 완전히 안 좋아요. 독감 때문에 어제 아이가 밤새 못 잤거든요."
3. "가족 휴가는 어땠어요?"
   "우린 모두 정말 좋은 시간을 보냈어요."
4. "여기 내 반쪽이 있어요."
5. "당신 자동차 좀 닦으세요. 차가 너무 지저분해서 정말 신경 쓰여요."
6. "우리는 매 순간 함께 있어요. 그는 제가 자기 시야에서 사라지는 것을 견디지 못하거든요."
7. "나 배고파."

"아니, 당신은 그렇지 않아요."

8. "그건 입으면 안 돼. 내가 너무 창피할 것 같아."
9. "전 굴을 싫어해요."

   "아니, 넌 굴을 좋아해."
10. "우리는 항상 당신의 모든 것에 동의합니다."

답은 이 장의 마지막에 나온다.

연습 6.2 경계선 문제 감지

다음 문장에서 경계선 문제를 구별해 보라.

Ⓡ: 너무 경직된	Ⓕ: 너무 유연한
Ⓟ: 너무 투과된	Ⓒ: 너무 닫힌
Ⓓ: 너무 멀리 떨어져 있는	Ⓔ: 밀착된

1. "이번 주말에 뭐 하고 싶어?"

   "뭐든 당신이 하고 싶은 대로요."
2. "난 너한테 화가 났어."

   "아니, 넌 나한테 화가 난 것이 아니야."
3. "남편의 일이 훨씬 더 중요해요."
4. "아내는 아이들을 키워요. 내 일은 돈을 버는 거죠."

5. "아들이 아버지랑 똑같아."
6. "난 슬퍼요."
"진짜 슬픔이 무엇인지 내가 보여 주지."
7. "언니한테 언성을 높이면 안 돼."
8. "아빠가 신문을 읽을 때는 절대 말을 걸면 안 된다."
9. "귀엽지 않아요? 쌍둥이는 옷을 똑같이 입어야 해요."
10. "저는 수의사고, 우리 아이들도 수의사가 될 거예요."

연습 6.3 장벽 경험하기

준비물: 5~10m 길이 밧줄(인원수대로), 타이머, 그물 또는 스크린 또는 성긴 천 직물 1벌(2명당 하나씩)

친구와 함께 또는 치료 그룹에서 다음 유형의 경계선을 경험해 보라.

경직된 경계선

당신과 당신 파트너의 밧줄을 정사각형 모양으로 바닥에 놓는다. 이때 두 사각형이 서로 닿지 않게 한다. 그런 다음 사각형의 한가운데 서서 다음 주제 중 하나에 대해 5분간 토론한다. 한 사람은 사실과 의견만 말하고, 다른 한 사람은 느낌만 말할 수 있다.

• 낙태
• 법률 시스템의 현재 상태(예: 범죄자 권리 대 피해자 권리)
• 최근 정부 스캔들
• 총기 규제(예: 권총 구매 대기 기간 대 공개 판매)
• 동물의 권리(예: 연구용 동물 사용 금지)

예) 낙태에 관한 토론
의견: “여성은 자신 몸에 대한 통제권을 가져야 한다고 생각해요.”
느낌: “나는 우리 딸이 낙태했을 때 너무 슬프고 속상했어요.”

토론이 끝나면 어떤 느낌이 들었는지, 가족에 관해 어떤 생각이 떠올랐는지 토론해 보라.

모호한 경계선

1. 이번에는 밧줄로 구불구불한 모양의 원을 만든다. 파트너 역시 밧줄 일부가 당신의 원과 겹치도록 구불구불한 원을 만든다.
2. 원의 한가운데에 서서 위의 주제 중 하나를 골라 토론해 보라. 이때 파트너가 말하는 모든 것에 동의하라.

밀착

1. 원이 상당히 겹치도록 이동한다. 원의 한가운데에 서서 자신의 고유성에 관해 이야기한다.
2. 두 사람의 원이 겹치도록 이동한다. 원의 가운데에 서서 다른 사람과의 분리에 관해 이야기한다.
3. 10분 후, 거리가 편안하게 느껴지도록 원을 움직인다. 서로 다른 정도의 친밀감을 어떻게 느꼈는지 토론해 보라.

정답은 다음과 같다. **[연습 6.1]** 모두 밀착의 지표임. **[연습 6.2]** 1. Ⓕ, 2. Ⓔ 또는 Ⓡ, 3. Ⓟ 또는 Ⓕ, 4. Ⓡ, 5. Ⓔ, 6. Ⓡ, Ⓒ 또는 Ⓓ, 7. Ⓡ 또는 Ⓓ, 8. Ⓡ 또는 Ⓒ, 9. Ⓔ, 10. Ⓡ 그리고 Ⓔ

7
경계선 위반

선 긋기

경계선 위반은 심각한 문제다. 경계선 위반으로부터 생존한 사람은 그로 인한 정서적 충격파를 고스란히 떠안게 되고, 직접적인 체계 내에서는 누구도 해를 입지 않을 수 없다.

경계선 위반은 알게 모르게 다른 사람의 정신적 · 정서적 · 신체적 · 성적 한계선을 넘을 때 발생한다. 경계선 위반은 고의적이고 악의적일 수 있으며, 또한 우발적이거나 아무런 생각 없이 무심코 일어나기도 하고, 어떤 때는 지나친 친절함에서 비롯되기도 한다.

의도적이든, 악의적이든, 무지에서 비롯된 것이든 위반은 여전히 위반이다. 여전히 해롭다. "고의가 아니었어요", "어쩔 수 없었어요", "잘못인 줄 몰랐어요", "그렇게 자란 걸요"라고 말하는 내담자가 셀 수 없을 정도로 많다. 여러 가지 이유를 들며 위반자인 부모 또는 배우자를 옹호하기도 하지만, 위반했다는 사실이 무시되어서는 안 된다.

고의적이거나 악의적이 아닐 때도 경계선 위반은 특히 아동에게 먼 미래까지 영향을 미칠 수 있다. 이러한 영향이 사라지려면 위반 사항이 명확히 규명되어야 하고, 위반한 가해자를 밝혀야 하며, 피해자는 자신의 감정을 탐색하고 표현하면서 침해된 경계선을 재건하는 데 도움을 받아야 한다.

모든 관계에는 경계선이 있다

경계선은 특정 관계의 맥락에서 특정 행동이 부적절하다는 것을 알려준다. 친밀한 관계를 포함한 모든 관계에는 무엇이 적절한지에 대한 한계선, 즉 경계선이 있다. 누군가가 관계의 맥락에서 부적절하게 행동하면 종종 경계선 위반으로 이어진다.

경계선 위반은 피해자가 위반자에게 경계선 위반 사실을 알리고 위반자가 즉시 사과하거나 어떤 식으로든 경계선 위반에 대한 문제를 인정하면 즉시 치유될 수 있다. 이를 위해서는 두 가지가 필요하다. 첫째, 경계선을 침범당한 사람은 위반자에게 위반 사실을 알려야 한다. 둘째, 위반자는 그 경계선을 존중해야 한다.

물론 아동은 자신의 경계선을 가질 수 있다고 허용된 범위 내에서만 자신의 경계선을 인식할 수 있다. 따라서 부모에게는 자녀의 경계선을 존중하며 침범하지 않을 책임이 있다.

당신의 의사는 동료가 아니다

특정 역할에는 그 역할에 맞는 지위나 권력이 있다. 부모, 감독자, 직장 상사, 소유주, 교사, 교장, 코치, 캠프 카운슬러, 스카우트 지도자, 집주인, 군 장교, 치료사, 성직자, 랍비, 구루, 상담사, 의사, 변호사, 경찰관 등은 모두 권력을 가진 역할이다.

감독자, 직장 상사, 소유주, 교장, 코치, 군 장교는 부하 직원의 재정적 미래에 영향을 미칠 수 있는 권력을 가지고 있다. 부하 직원의 생계가 그의 손에 달려 있다.

부모, 교사, 스카우트 지도자, 치료사, 성직자, 랍비, 상담사, 의사, 변호사는 신뢰를 부여받았다. 이러한 직책은 자신이 책임지고 있는 사람들을 돌보고, 옹호하고, 가르치는 일과 관련이 있다. 이들은 자신의 전문 분야 내에서 삶의 한 부분에 관해 임명된 전문가다.

그들과 그들이 돌보는 사람들은 엄밀히 말해 종속적인 관계는 아니지만, 우리는 이들에게 삶에서 좀 더 중요한 측면에 대한 권한, 즉 우리를 제재하거나 무효화할 수 있는 권한을 위임한다. 그러나 그들에게 부여한 리더십과 신뢰에는 특별한 책임이 수반된다. 윤리의 발전은 바로 이러한 책임에 대한 인식이다.

부모는 자녀의 가치를 유효하게 하거나 무효화할 수 있는 권한이 있다. 치료사는 내담자의 가장 깊은 비밀을 위임받았다. 성직자는 우주에서 가장 높은 권력자로부터 제재를 받는다. 그런 만큼 해를 끼칠 가능성이 압도적이다.

본질적으로 보호자 역할을 하는 사람이 성적 경계선을 넘는 것은 심각한 위반이다. 아동, 내담자, 환자, 추종자, 신도 등 모든 사람은 취약하고 필요에 의해 권위에 접근한다. 보호자의 성적 행동은 매우 강하고 건강한 개인에게도 무척 혼란스러운 일이다. 취약하고 도움이 필요한 사람에게 그러한 행동은 매우 치명적일 수 있다.

부모가 자녀에게 성적인 폭력을 가하면 그 파장은 수십 년 동안 지속된다. 신뢰가 깨지고, 자녀는 그 행동에 책임감을 느끼고, 성관계에 영향을 미치고, 유대감이 손상된다. 치료사, 의사, 변호사, 성직자가 내담자나 신도와 성관계를 갖는 것도 근친상간이다. 신뢰가 깨지고 유대감이 변질된다. 돌봄이 필요한 사람이 돌보는 사람의 욕구 충족을 위해 이용당했다.

돌보는 사람이 돌봄받는 사람에게 동료 사이에서만 적절한 상호 작용을 시작할 때 더 교묘한 위반이 발생한다. 담당 의사는 동료가 아니다. 당신의 치료사는 동료가 아니다. 당신이 누군가를 위해 옷을 벗었는데 상대방은 당신을 위해 옷을 벗지 않는다면, 두 사람은 동료가 아니다. 어떤 사람이 동료인지 아닌지 어떻게 알 수 있는가? 당신이 그에 대해 알고 있는 것보다 그가 당신에 대해 더 잘 알고 있다면 동료 사이가 아니다.

"내가 한 일을 기억하기에 그는 매우 어리다"

가장 심각한 권력적 위반은 부모나 보호자가 아동의 성적 경계선을 위반하는 행위다. 왜 그럴까? 아동의 성적 경계선이 침해되면 그 결과는 일생의 날과 시간을 짓밟기 위해 수년에 걸쳐 손을 뻗는 것처럼 아동의 먼 미래에까지 영향을 미친다.

성적 학대를 허용하는 가정은 자녀를 피해자이자 가해자로 훈련시킨다. 왜 허용이라는 단어를 사용하는가? 어머니는 아버지와 가족과의 연결을 유지하기 위해 은근히 아이를 아버지에게 넘겨주기 때문이다. 또 근친상간은 부모가 방관하거나, 너무 바빠서 아이에게 실제로 무슨 일이 일어나고 있는지 알 수 없거나, 아이가 자신의 감정을 표현하기에 충분히 안전하지 않은 분위기를 지속할 때도 허용된다. 가족은 특수하고 복잡한 이유로 학대를 허용한다. 자녀는 부모의 안전과 성적 또는 정서적 욕구를 위해 희생될 수 있다.

2장에서 도나는 네 살 때부터 아버지에게 당한 성적 폭력에 관해 이야기했다. 그녀는 밝고 따뜻하며 매력적인 여성으로, 남편과 아이들에게 자신의 모든 것을 바친 세월에 관해 이야기했다. 어린 시절의 학대는 도나의 경계선 발달을 막았다. 어릴 때 학대당한 경험이 있는 나의 내담자 중 상당수는 경계선에 대한 감각이 거의 없었다. 성적 학대는 정서적, 영적, 관계적 경계선도 무너뜨린다. 어린 시절에 한 번의 성적인 착취 사건, 반드시 삽입 행위가 아니더라도 부적절한 접촉이나 시선만으로도 엄청난 피해를 보게 된다.

나는 '가벼운 성적 학대'라는 말을 들으면 몸서리가 쳐진다. 어떤 성적 학대라도 반향을 일으킨다. '아이가 너무 어려서 내가 한 일을 기억하지 못할 거야'라고 생각하겠지만, 정신의 기억이 흐릿하더라도 몸은 분명하게 모든 것을 기억한다. 아이가 말을 하기 전에 일어난 사건은 지울 수 없는 메시지로 몸과 마음에 각인된다. 신중하고 숙련된 치료사가 그 힘을 약화시킬 때까지 이런 메시지는 성장한 이후에도 인간을 매일 통제한다.

명심하라! 성적 경계선 위반은 심각하고 오래 지속되는 광범위한 결과를 초래한다. 이러한 위반은 총체적인 경계선 발달에 손상을 준다.

아이들은 모든 것을 알아차린다

성적 경계선 위반이란 무엇인가? 원치 않는 착취를 하는 것으로 다른 사람을 희생시키면서 개인의 성적 만족을 위해 행하는 부적절한 접촉, 말 또는 시선이다. 아동의 경우, 연장자를 성적으로 만족시키는 부적절한 접촉이나 말 또는 시선 등의 행위가 포함된다.

아이들은 마치 소형 레이더 수신기와 같다. 모든 것을 포착한다. 그들은 관찰력이 뛰어나고 뉘앙스, 암시를 한눈에 알아차린다. 그들의 해석과 결론은 다섯 가지 섬세한 감각에서 비롯된다. 이러한 해석은 총알같이 빠르고 강력할 수 있다.

십 대 자녀의 신체 발달을 보고 쾌감을 느끼는 아버지의 감정은 미묘하게 딸에게 전달된다. 딸은 이것을 재빠르게 알아차리고, 집에서 안전하지 않게 된다. 아버지가 딸을 만지지 않더라도 딸의 안전은 침해당했다.

남자아이든 여자아이든 유아의 생식기를 가지고 장난치는 어머니는 자신의 호기심을 위해 아이의 신뢰를 악용하는 것이다. 아이들은 위생을 위한 접촉과 성적 또는 착취적인 접촉의 차이를 어떻게 알까? 아이들은 안다.

당신도 알지 않는가? 크리스마스에 어떤 동료가 안아 주면 기운이 솟는다고 느낀다. 한편 다른 동료가 안아 주면 옷을 세탁소에 맡기고 싶어진다. 어떻게 아는가? 그냥 알지 않는가? 아이들 역시 그냥 안다.

착취는 경계선 발달에 영향을 미친다

아이가 성적으로 침해당하면 산탄총 효과와 같은 결과가 생긴다. 자신의 역할은 자기를 내어주는 것이라고 믿으며 자랄 수 있다. 자신에 대한 감각이 없을 수도 있다. 다른 사람에 대한 한계선을 설정할 수 없거나, 한계선을 설정해도 자신의 한계선은 항상 압도될 것이라고 믿을 수 있다. 양육이나 애정을 얻기 위해 섹스를 사용하거나, 애정이 섹스를 유발할 것이라는 두려움 때문에 애정과 섹스를 혼동할 수 있다. 너무 엄격한 경계선을 설정해 누구도 자기 삶에 들어오는 것을 허용하지 않을 수도 있다. 혹은 지방을 보호벽으로 삼으려고 과식할 수 있다. 내면에 안전감이 없는 겁에 질린 사람이 되어 자신을 위협하는 일이 무한히 일어나게 될 것이다. 성적 경계선 위반은 치유할 수 있지만 많은 시간과 노력이 필요하다.

착취적인 접촉

성적인 경계선 위반은 권력을 가진 사람이라면 누구나 저지를 수 있다. 나이가 더 많은 형제자매, 이웃, 친척은 모두 아동보다 강력하다. 부모는 자녀가 안전한 사람과 있는지 확인하고, 자녀가 어떤 일이라도 쉽게 말할 수 있도록 이끌 책임이 있으며, 누군가 신뢰를 위반할 때 그것을 말해도 괜찮다는 것을 아이들에게 알려야 한다.

의사, 치료사, 성직자, 변호사가 고객이나 내담자 또는 환자와 성적인 관계를 맺을 때 신뢰와 권력에 의한 또 다른 위반이 발생한다. 성적인 발언, 성적인 접촉 또는 성적인 시선은 전문가에게 권위를 넘겨준 도움이 필요한 사람을 착취하는 행위다. 의사나 성직자에게 도움을 구하는 사람은 다른 사람보다 더 취약하고 방어력이 떨어진다.

만약 상사가 엉덩이를 두드리거나 가슴을 쓰다듬는다면 그것은 성적 경계선 위반이다. 수년 동안 따뜻하고 신뢰하는 관계를 건강하게 발전해 왔다면 포옹은 기분 좋은 일이다. 당신은 그 차이를 본능적으로 알 수 있다.

누구에게도 당신 몸에 대한 소유권이 없다

착취적인 접촉은 탈취하고, 양육하는 접촉은 채운다. 또 다른 권력 위반에는 부하 직원에 대한 신체적 · 정서적 학대가 포함된다. 아버지의 회초리가 구타로 변질되면, 그것은 자녀의 신체적 경계선 위반 행위다. 상사가 직원에게 욕설하는 것은 정서적 경계선 위반이다.

상처를 주거나 해를 끼치거나 수치심을 주는 접촉은 신체적 위반이다. 상사가 비서를 밀치는 행위, 교사가 학생의 귀를 잡아당기는 행위, 코치가 선수의 뺨을 때리는 행위 등은 모두 위반 행위다. 아무리 지위가 높다고 해도 다른 사람의 몸을 소유할 수는 없다. 우리는 모두 타인의 접촉을 제한하거나 거부할 권리가 있다.

정서적 경계선 위반은 권위를 가진 사람이 다른 사람에게 하고 싶은 말을 무엇이든 할 수 있는 권한이 자신에게 있다고 생각할 때 발생한다. 상사는 업무 수행과 직접적인 관련이 없는 한 당신의 신체에 대해 발언할 권리가 없다. 앞서 말했듯이 성적인 발언은 부적절하다. 신장, 체중, 나이, 얼굴에 대한 발언도 부적절하다. "그녀는 키가 좀 작아"라는 말은 딱히 문제가 되지 않는 말처럼 들리지만, 상사에게 그런 말을 할 권리가 있다고 생각하는 것은 문제가 된다.

부하 직원에게 빠르고 정상적이고 건전한 분노의 표현을 넘어 고함을 지르는 것은 위반이다. 비꼬는 발언도 위반이다. 경멸적이고 모욕적이고 비방하는 언사는 이를 듣는 사람의 정서적 경계선을 침해하는 것이다.

이러한 발언은 권위자가 수신자를 고려하지 않고 원하는 말을 얼마든지 할 수 있는 권한이 자신에게 있다고 가정함을 시사한다. 다음과 같은 발언은 부적절하다.

- 수신자를 향해 계속되는 장황한 비난
- "살이 꽤 쪘군요. 맞죠?"
- "딸아, 왜 너는 언니처럼 집을 깔끔하게 정돈하지 못하니. 너한테 뭔가 문제가 있는 게 분명해."
- "지미, 넌 지저분하고 냄새나는 아이야."
- "당장 그 자료를 가져오지 않으면 자네는 해고야!"
- "연필을 잃어버렸니? 넌 멍청한 건망증 장애아야."

당신의 치료사는 친구가 아니다

역할에는 내재된 한계가 있다. 엄마일 때 적절한 행동이 상사 역할일 때는 부적절할 수 있다. 일반적인 유형의 위반은 역할의 한계를 무시하거나 잊어버릴 때 발생한다.

당신의 치료사는 친구가 아니다. 어떤 치료 접근법에서는 내담자와 친구나 연인이 되어도 괜찮다고 말한다. 나는 이 철학의 희생자로서 이러한 역할의 혼동이 경계선 혼동으로 이어진다는 것을 증언할 수 있다.

치료사와 내담자 사이의 전문적인 거리는 내담자에게 가장 큰 안전을 제공한다. 친구는 서로 주고받는다. 치료사가 내담자로부터 받을 것을 기대하지 않을 때 내담자는 가장 안전하다. 친구 사이에는 의무가 생긴다. 내담자는 치료사에게 금전적 의무 외에는 어떤 의무도 지지 않는다. 치료 세션은 오로지 내담자의 정서적 성장을 촉진하는 데 목적이 있으며, 내담자에게만 초점을 둔다. 반면 친구 관계에서는 초점이 왔다 갔다 한다.

치료사와 내담자 간의 사회적 접촉은 경계선을 진흙탕으로 만든다. 나의 경우 예전에는 내담자의 결혼식에 참석했지만 지금은 가지 않는다. 나는 친구가 아니다. 부모도 아니다. 다른 맥락에서 나의 존재는 내가 내담자의 삶에서 특별하고 독특하며 보호받는 역할을 한다는 사실과 특정한 제한이 있다는 사실을 혼동하게 한다. 엄격하게 정의된 맥락으로 내담자를 보는 것은 내담자로 하여금 자신의 내적 프로세스를 가장 폭넓게 들여다보게 한다. 이는 치료사와 내담자 사이에 존재하는 관계 불안을 최소한으로 줄여 주며, 내담자를 자신의 감정에 접촉하게 함으로써 내적 인식을 증가시킨다.

당신의 상사는 아버지가 아니다

상사가 아무리 자상해 보여도 당신은 상사의 우선순위가 아니다. 상사가 비밀을 털어놓으라고 권유하거나, 동료로 대하거나, 당신을 특별히 의지하며 도움을 구하는 것은 모두 경계선을 위반하는 것이다.

상사는 결코 치료사가 될 수 없다. 그가 아무리 신경을 쓴다고 해도 그에게는 자신의 일이 가장 중요하다. 자기 자리를 지키기 위해 당신을 희생해야 한다면 그는 기꺼이 그렇게 할 것이다. 상사는 동료가 아니다. 그에게는 당신을 해고할 수 있는 권한이 있다. 따라서 진정한 친구가 될 수 없다. 또한 당신은 상사의 치료사가 아니다. 당신의 업무는 회사의 직원으로서 상사를 지원하는 것이다. 그의 개인적인 문제 해결을 돕는 것은 당신의 일이 아니다. 만약 상사에게 공감해 주는 사람이 된다면, 당신의 충성심은 분열된다. 당신의 에너지가 실제 업무에서 벗어난 것에 사용되고, 상사에 대한 충성심과 회사에 대한 충성심 사이에 혼란을 일으키는 유대감이 형성된다.

좋은 슈퍼비전은 좋은 양육과 매우 유사하다. 안전한 의사소통, 위험에 대한 안전, 적절한 욕구 충족, 직무 요구사항에 관한 관심, 그리고 부하 직원에 대한 지원을 가능하게 한다. 그 목표는 업무라는 매체를 통해 표현되는 직원의 발전을 최대로, 그리고 최고로 이끄는 것이다.

모든 역할에는 내재된 한계가 있다는 것을 명심하라. 이러한 한계를 존중하면 관계에 질서가 생긴다. 이러한 한계를 넘는 것은 혼란과 무질서를 초래한다.

"네 아빠는 잠자리에서 별로야"

정서적 위반의 특별한 범주를 삼각화triangulation라고 한다. 이는 세 번째의 부적절한 사람이 두 사람 사이에만 속한 정보를 알게 되었을 때 발생한다.

삼각화는 부모 중 한 명이 자녀에게 다른 부모에 대한 사적인 이야기를 털어놓을 때 발생한다. "네 아빠는 잠자리에서 별로야"라는 말은 서른 살 미만의 자녀에게는 부적절하고, 서른 살 이상의 자녀에게는 미심쩍은 말이다. 자녀는 부모의 사적인 성적 싸움에 휘말려서는 안 된다.

종종 아이에게 아버지가 "아빠가 준비되면 엄마에게 수표를 갖다주겠다고 해라"라며 화난 어조로 말하는 경우가 있다. 감정이 쌓인 발언은 아이를 통해서 전달하지 말고 당사자에게 직접 전달해야 한다. 엄마가 "젠장! 젠장! 젠장!"이라고 말하면, 아이는 움찔한다. 우리는 이러한 메시지를 전달하면 안 된다는 것을 알지만, 이런 경우 아이는 아버지를 향한 엄마의 분노를 고스란히 받게 될 가능성이 높다. 친구가 털어놓은 비밀을 다른 사람에게 말하는 것은 신뢰를 깨뜨리는 행위다. A라는 친구에 대한 불만을 B에게 이야기하는 것은 세 가지 관계에 해를 끼친다. 당신과 A의 관계, A와 B의 관계, 그리고 당신과 B의 관계가 그것이다. 당신이 누군가에게 험담하는 것을 대상자가 알아차렸다면 그가 당신을 계속 신뢰할 수 있을까? 데이브와 나 사이에 생긴 문제를 던에게 이야기한다고 해서 해결되지 않는다. 이 문제를 해결하려면 데이브에게 직접 이야기해야 한다.

성인 가족 구성원 간에 삼각화가 발생할 수 있다.

엄마 누나가 나한테 뭐라고 했는지 아니?
아들 아뇨, 얘기하지 마세요. 그게 뭐든 엄마와 누나 사이의 일이니까요.

누나 엄마 옷차림이 너무 싫어.
나 그럼 엄마한테 말해. 나한테 말해 봤자 소용없어.
누나 네가 대신 얘기해 줄 수 있을 것 같아서 말하는 거야. 넌 말을 잘하잖아.

나 엄마한테 말 안 할 거야. 내 문제가 아니니까.

캐롤(친구) 티나는 예의가 없어. 재수 없는 아이야.

헬렌(친구) 티나에 대해 나에게 말하지 마. 티나는 내 친구야. 난 뒤에서 친구들 얘기하는 거 싫어.

중독이나 강박과 관련된 문제라면 어떻게 해야 할까? 친한 친구가 다시 술을 마시거나 과로하는 것이 의심되면 어떻게 해야 할까? 만일 당신이 '익명의 과식자' 모임이나 '익명의 알코올 중독자' 모임 같은 12단계 프로그램에 참여하고 있다면 후원자와 상담하라. 치료사와 상담하라. 또한 친구의 이름을 비밀로 하면서, 회복 중인 사람 중 친구를 모르는 사람과 대화하라. '익명의 알코올 중독자' 또는 '익명의 공동의존자 모임'에 가서 회복을 이해하는 사람들을 만나 친구에 대한 조언을 구하면, 그에 대한 당신의 책임과 행동 방법을 결정하는 데 도움을 줄 것이다.

치명적인 뒷담화

입으로 하는 살인이라 할 수 있는 뒷담화는 삼각화의 한 형태다. 아무리 위장하려고 해도 제삼자가 당신과 다른 사람과의 문제에 개입하게 된다. 해가 되지 않는 정보를 전달한 것뿐이라고 말하겠는가? 왜 그런 정보를 전달하는가? 그 기저에 친구에 대한 질투나 분노가 있지는 않은가? 근본적인 동기를 살펴보고 이를 직접적으로 다루면 더 많은 것을 얻을 수 있을 것이다.

예외가 있을까? 만일 친구나 직장 동료가 다소 비정상적으로 행동하고 있다는 것을 감지하고 상대를 아는 다른 사람에게 이를 확인하려는 경우에는 제삼자와 상의하는 것이 필요할 수도 있다. 다만 여기서는 의도가 중요하다. 만약 얘기하고자 하는 의도가 상대를 비방하려는 것이라면 자신을 돌아보라. 당신의 의도가 상대를 돕거나 상대로부터 자신을 보호하려는 것이라면, 어떤 경우에는 상대를 아는 다른 사람에게 이야기하는 것이 유일한 선택이 될 수 있다.

상사에 대해 이야기할 헌법상 권리

상사들은 다른 어떤 집단 사람보다 더 많이 가십의 피해자가 되는 듯하다. 부하 직원들은 상사에 대한 정보와 짜증을 마치 헌법상의 권리인 것처럼 서로 교환한다. 어쩌면 그것이 맞을지도 모른다.

관대하고 공정하며 부하 직원에게 친근하게 다가가고 자신과 부하 직원 사이의 경계선을 잘 유지하는 상사는 가십의 중심에 있지 않다. 어차피 직원이 자신의 불만을 상사에게 말할 수 있다면 동료에게 말할 필요가 없다.

만약 당신이 감독하는 직책에 있다면, 가십의 주인공이 되기 위해 할 수 있는 몇 가지 방법을 소개하겠다.

기업의 히틀러가 되어 보라. 자신의 권력을 과장하고 남용하는 사람은 화제가 될 것이다. 직원들은 그에게 자신의 의견을 솔직하게 말하는 것이 안전하지 않다고 느낄 것이며, 안전과 자존감을 유지하기 위해 함께 뭉칠 것이다.

부하 직원을 절친한 친구로 삼으라. 이렇게 하는 상사는 어떤 식으로든 반격을 받을 것이다. 부하 직원은 상사의 부적절한 행동에 따른 불편을 해소하기 위해 상사에 대해 자신이 알고 있는 것을 밝힐 수 있다. 그러면 모든 직원이 상사의 비밀을 알게 된다. 혹은 부하 직원이 상사의 비밀을 지키는 대신 그 불편함에 분개할 수도 있다. 이러한 분개는 어떻게든 업무에 영향을 미칠 것이다. 부하 직원은 필요한 것보다 더 많은 힘을 가지고 자신의 위치를 개선하기 위해 그것을 이용할 수도 있다. 또한 부담을 없애기 위해 일을 방해하거나, 건강하게 분노를 표현하기보다는 주의를 기울여야 할 업무상의 다른 문제에 화를 낼 수 있다.

상사는 같은 직급의 다른 감독자에게 비밀을 털어놓아야 한다. 하지만 회사에서 해당 직급에 있는 사람이 당신뿐이라면 어떻게 해야 할까? 위나 아래만 보지 말고, 건너편을 보라. 건너편에 있는 치료사, 후원자, 신뢰할 수 있는 친구 또는 다른 회사에서 비슷한 위치에 있는 사람에게 털어놓으면 된다.

성격 장애가 있거나 치료되지 않은 중독이나 강박이 있는 사람은 직장을 상당히 혼란스럽게 만들 수 있다. 이러한 문제를 가진 상사는 모든 부하 직원에게 피해를 줄 수 있다. 이에 대한 개인의 유일한 방어책이 자신의 직업이나 업무를 보호하기 위해 다른 사람과 공동으로 일하는 것일 수 있다. 여기서 엄격한 명령 체계가 생산성에 불리하게 작용하게 된다. 직장은 역기능 가정의 모든 역할과 광기를 발전시킬 수 있는 곳이다.

방어를 위한 삼각화

감독자 역할을 제대로 하지 않으면 가십거리가 늘어난다. 약한 감독자, 학대하는 감독자, 아이디어를 훔치거나 부하 직원의 업무에 대한 공로를 가로채는 감독자가 관심의 초점이 될 것이다. 시선이 업무가 아닌 감독자에게 쏠릴 것이다.

자신의 권력을 이용해 성범죄를 저지르는 상사는 이름이 하찮게 여겨질 것이다. 그 장소의 모든 여성이 그를 주시하게 될 것이고, 그에 대한 존경심은 돌이 떨어지듯 수직 낙하할 것이다.

이 같은 상황에서는 삼각화가 방어 수단이 된다. 삼각화는 권력 남용을 상쇄하고 저지른 잘못을 명확하게 파악하는 방법이 될 수 있다.

이런 종류의 삼각화는 가족 구성원 중 한 명이 자신의 권력을 남용하는 가정에서도 발생한다. 서툰 상사처럼 항의에 귀를 막고 학대하는 부모는 자녀가 그 부모에 관해 이야기할 수밖에 없게 만든다. 부모가 성인 자녀들의 문제를 듣지 않으면 자녀들은 서로 또는 외부인에게 의지하지만, 부모와 자녀 모두 실패한다. 부모는 자녀와 더 친밀해질 기회를 잃고, 성인 자녀는 원하는 해결책을 찾지 못한 상실감에 슬퍼해야 한다.

그렇다면 삼각화의 이슈가 명확하지 않다는 것은 분명하다. 삼각화는 관계에 해를 끼치지만, 우리는 권력을 남용하거나 경청을 거부할 때 삼각화의 필요성을 조장하게 된다.

그가 변하지 않았다면 다시 당신을 해칠 것이다

상대방과 당신 사이의 문제를 언제 접근해야 하는지 어떻게 알 수 있을까? 다음 질문에 답해 보라. 이 사람은 안전한가? 이 사람이 과거에 학대하거나 중요한 정보를 오용한 적이 있는가? 만약 그가 학대를 가한 적이 있다면, 그 이후로 회복 과정을 거쳐서 내게 하는 반응이 달라졌는가? 그가 치료나 회복 과정에 들어가지 않았다면, 어떻게 그의 반응이 달라질 수 있을까? 그가 여전히 술을 마시고 있거나 당신에 관해 건강하지 못한 반응을 인식하지 못하고 있다면, 그에 대한 당신의 신뢰는 다시금 당신을 다치게 할 것이다.

부모가 다른 방식으로 양육하는 데 도움이 되는 어떤 과정(치료, 회복)을 거치지 않는 한, 부족했던 것을 얻기 위해 예전과 똑같은 방법을 시도할 때 계속해서 상처와 실망에 노출될 것이다. 부모가 자신의 문제를 직면하고 자신의 욕구를 충족하는 건강한 방법을 배우기 전까지는 자녀에게 다르게 반응할 가능성이 매우 낮다.

예를 들어, 당신의 아버지가 여전히 술을 마시거나 여전히 삶을 피상적으로 본다면, 그는 여전히 당신에게 깊이 다가오지 못할 것이다. 당신이 무엇을 시도하든 근본적인 문제는 같은 상태이기 때문에 당신의 반복적인 노력만으로는 이를 바꿀 수 없다. 아버지는 자신이 원하는 곳에 있다. 이것이 경계를 설정하는 그의 방식이다. 자신의 편안함과 보호를 확실히 하기 위해 그렇게 설정한 것이다. 그 자신이 그것을 그대로 두고 싶어 하기 때문에 당신이 하는 어떤 행동도 이를 바꿀 수 없다. 차라리 그가 설정한 경계를 존중하는 것이 낫다. 당신은 그것을 움직이지 못할 것이다. 우리가 아무리 강력하게 누군가의 응답을 원하더라도 그 사람은 자신의 한계를 고수할 선택권이 있다.

내가 매우 사랑하는 친척이 있다. 나는 그에게 우리가 더 가까워지면 좋겠다는 바람을 열렬히 표현했다. 나는 수백 번도 더 상처를 받으면서 마침내 깨달았다. 아무리 친척과 더 가까워지고 싶어도 내가 그 사람의 장벽을 없앨 수는 없다는 것을! 그에게는 그것을 고수할 권리가 있다. 그리고 이제 나는 다시는 상처받지 않도록 스스로 보호할 수 있다. 그의 장벽에 내 머리를 계속 부딪히는 것을 멈출 수 있다.

어떤 사람들은 변한다. 이 경우 자신을 개방하는 위험을 감수할 가치가 있다. 작은 위험을 감수하고 어떤 일이 일어나는지 지켜보라. 만일 반응이 좋으면 자신에 관한 무언가를 드러내는 또 다른 작은 위험을 감수해 보라. 그러나 천천히 자신을 드러내다가 그것이 제대로 대접받지 못하면 그만두라. 당신은 상대방의 한계를 발견한 것이다. 더 나아가면 그에 따른 결과를 감수해야 한다.

무엇이 적절한가?

무엇이 적절한지에 대한 감각을 키우려면 어떻게 해야 할까? 논의되고 있는 사람에 대한 당신의 방향orientation은 무엇인가? 올려다보는가, 내려다보는가, 아니면 건너편을 보는가? 당신은 받는 역할인가, 주는 역할인가? 지지하는 역할인가, 아니면 지지받는 역할인가?

만약 당신이 지도, 감독 또는 양육 때문에 누군가를 올려다보는(존경하는) 경우라면, 당신은 그의 동료가 아니다. 상대방이 아버지, 목사, 치료사 또는 상사라면 그를 양육하거나 상담할 필요가 없다. 만약 당신이 어린아이, 내담자, 또는 부하 직원 등을 내려다보고 있다면 상대방은 당신의 동료가 아니다. 그는 당신을 상담해서는 안 되고, 당신은 그에게 부적절한 개인 정보를 제공해서는 안 된다. 만약 상대방이 당신의 친구나 동료이고 서로 마주 보고 있다면 상대방은 당신의 동료다. 당신과 상대방은 서로 지지하고 서로에게 속마음을 털어놓는 일이 양방향으로 이루어진다.

만약 윗사람이나 아랫사람과 함께 동료로서의 일을 하고 있다면 뭔가 잘못된 것이다. 경계선을 넘고 있다. 동료, 치료사 또는 경계선에 대해 잘 아는 사람에게 이야기해 보라.

만약 동료를 올려다보거나 내려다보고 있다면 뭔가 잘못된 것이다. 남편은 상사가 아니고, 아내는 부하 직원이 아니다. 부부는 평등하다. 그런 관계는 기반을 잃은 것이며, 도움이 필요하다.

만약 상사를 지원하는 것이 당신 업무의 일부라면(의사의 간호사, 상사의 비서 또는 기타 직접적인 지원을 제공하는 직책에 있는 경우), 그 경계선은 어디일까? 상사의 업무 효율성에 직접적인 영향을 미치는 일을 하는 것이 적절하다. 연필 깎기, 업무용 전화 걸기, 소모품 보충하기 등은 모두 상사의 전문적인 노력을 지원하는 일이다. 상사를 위해 점심이나 커피를 사 오는 것은 애매한 영역이다. 상사가 너무 바빠서 점심을 준비할 시간을 낼 수 없는 경우라면, 상사를 위해 점심을 사다 줌으로써 업무를 지원할 수 있다. 그러나 상사가 시간이 있음에도 귀찮아하기 때문에 커피나 점심을 대신 사다 주는 것은 업무를 지원하는 것이 아니다.

상사를 위해 배우자에게 줄 꽃다발 주문하기, 기념일 저녁 식사 예약하기, 세탁소에서 옷 찾기, 서점에서 좋아하는 미스터리 책 고르기 등 업무에 직접적으로 도움이 되지 않는 작업도 분명히 있다.

스스로 물어보라. 이것이 상사의 업무를 지원하는가, 아니면 상사의 삶을 지원하는가? 만약 업무를 지원하는 일이라면, 그것은 적절하다.

머무를 것인가, 아니면 떠날 것인가?

역할 위반을 해결하는 것은 두 사람이 함께 노력할 때 가장 쉽지만, 때로는 혼자만 문제를 이해하는 경우도 있다. 파트너가 문제를 인식하지 못한다면 치료사가 도움이 될 수 있다. 파트너는 또래이므로 경계선에 대해 가르치거나 코치하는 것은 경계선 위반이다. 따라서 제삼자가 코치하고 가르치는 것이 서로 올바른 관계를 유지하게 한다.

만약 당신의 상사가 무지한 편이라면 이 책을 선물해 보라. 아마도 그것이 무엇인지 안다면 정말 옳은 일을 하고 싶어 할 것이다. 그러나 중독이나 강박이 관련되어 있다면 어떠한 변화 이전에 상사를 포함한 개입이 필요할 수 있다.

많은 사람이 건강한 인간관계를 원하고, 선택의 여지가 있을 때 솔직하고 개방적인 의사소통을 선택한다. 하지만 상대방이 중독이나 성격 장애로 인해 건강한 방식으로 행동할 수 없는 상황이라면 우리 스스로 보호해야 한다. 때때로 우리는 더 건강한 업무 환경을 찾아 직장을 떠나기도 한다. 회사나 기관이 건강하지 않은 행동을 정리하지 못하면, 결국 좋은 인재를 잃게 된다. 건강한 직원은 마침내 그 회사를 떠나게 될 것이기 때문이다.

당신이 현재 또는 과거에 경계선 위반을 경험한 피해자라면 스스로 보호하라. 위반을 겪고 있는 상황에서 가능한 한 빨리 벗어나라. 건강한 사람들의 도움을 받아 그 상황을 벗어날 수 있다.

경계선이 침범당한 것은 슬퍼해야 할 일이다. 그리고 그 슬픔을 이겨 내면 위반 행위로 인해 상실한 보살핌을 회복할 수 있다. 당신이 신뢰하는 사람에게 위로와 경청을 구하라. 그런 상황에 처하게 된 자신의 선택과 유사한 사례를 조사해 보고, 다시는 같은 선택을 하지 않도록 도움을 받으라.

자신의 경계선을 회복하기 위해 노력하다 보면 점점 더 나은 상황을 맞을 것이다. 방어적인 태도를 취하는 대신 주어진 삶을 더 많이 경험하고, 더 자신다워지며, 발전할 수 있는 공간과 안전을 실질적으로 가지게 될 것이다.

8
특정한 사람들에게 보내는 두 통의 편지

음식 중독자와 강박적 과식자에게
음식과 지방은 우리를 보호하는 것처럼 보인다

음식 중독자와 강박적 과식자를 위한 책 『음식 중독의 해부학Anatomy of Food Addicton』에서 나는 수년간 과식과 과체중으로 고생했다고 밝힌 바 있다. 그러다 지방fat이 몸에서 빠져나가기 시작하면서 내 몸이 얼마나 취약하고 방어력이 약해졌는지 놀랐다.

만약 당신이 체중이 많이 나간다면 그것 또한 당신에게 경계선을 제공할 수 있다. 체중은 사람들이 당신에게서 너무 많은 것을 빼앗아 갔을 때 사람들과 거리를 유지하는 좋은 방법이다. 말 그대로 신체적 경계선을 확장하는 것이다. 만일 어릴 때 학대를 당했다면 지방이 편안한 보호막처럼 느껴질 수 있다. 당신을 해칠 수 있는 사람들에 대한 물리적 방어막인 것이다.

음식과 지방은 우리를 보호하는 것처럼 보인다. 아마도 위협을 느낄 때 당신은 더 많이 먹을 수 있다. 누군가가 당신이 주려고 하는 것보다 더 많은 것을 빼앗으려 할 때 더 많이 먹을 수도 있다. 혹시 당신의 경계선을 공격하는 사람과 함께 있을 때 음식을 더 먹지 않는가?

경계선 발달은 식사 회복 프로그램의 중요한 동반자다. 침입과 도난으로부터 자신을 보호할 수 있다는 것을 알아야 초과한 체중이 없이도 안전할 수 있다.

안전을 위해 체중을 더 늘리거나 음식으로 자신을 위로한다면 다이어트는 시간 낭비이며, 방해될 것이 분명하다. 또 다른 실패에 자신을 두는 대신 자신의 필요를 충족하고 자신을 보호하는 건강한 방법을 배울 기회를 자신에게 주라.

물론 체중은 복잡한 문제다. 많은 사람이 자신을 보호하는 방법을 배울 때 체중이 저절로 줄어들기를 바란다. 하지만 대부분은 다른 요소에도 주의를 기울여야 한다. 어쨌든 폭식증에서 회복하려면 경계선 형성이 필수다. 내면을 돌보는 것은 외부를 변화시키는 데 있어 중요한 부분이다.

강박증 또는 중독자에게

당신은 은둔형 외톨이인가? 강박이나 중독은 다른 사람들과 거리를 두게 한다. 만약 약물에 빠져 있다면 다른 사람의 요구를 외면하기 쉽다. 강박적으로 쇼핑을 하거나 운동을 하거나 일하는 것은 친밀한 관계에 있는 사람들과의 사이를 멀어지게 한다.

다른 사람을 차단하는 동안, 당신 자신도 차단된다. 강박과 중독은 자신을 고립시킨다. 그리고 삶과 성장, 친밀감, 문제와 직면하고 삶의 목적과 연결되는 것을 방해한다.

만약 자녀가 있다면, 강박과 중독이 만든 거리감은 방임과 유기로 이어질 수 있다. 믿기 어렵겠지만 지나친 거리도 경계선 위반이 될 수 있다. 당신이 멀리 떨어져 있다면 누가 당신 자녀를 사랑하겠는가?

효과적인 회복에는 명확한 경계선을 발달시키는 것이 포함된다. 건강한 경계선은 회복을 강화하고 재발 방지를 증진시킨다. 필요할 때마다 스스로 분리할 수 있다면, 다른 사람이 대신 그것을 해 줘야 한다는 강박에 대한 의존도를 줄일 수 있다. 온전한 정신을 유지할수록 적절한 거리가 필요하다는 것을 알게 될 것이다. 우리는 자신의 문제를 직면하고 친밀감에 대한 두려움에 도전할 때 정신적 온전함을 발달시킬 수 있다. 건강한 경계선은 자신을 잃지 않으면서도 다른 사람들과 가까워지게 해 준다.

자신의 경계선 발달에 관심을 기울이고 좀 더 온전하고 의식적인 삶을 사는 데 필요한 도움을 받길 강력히 권한다.

9
친밀감

헌신이 차이를 만든다

내가 여기에서 말하는 것 중의 일부는 꽃 같은 아이들과 자유로운 사랑에 둘러싸여 자란 여성들에게는 낙심되는 것으로, 마치 전형적인 부모와 중년 여성들이 하는 말처럼 들릴 수도 있다. 내가 대학 다니던 시절에 사랑과 섹스는 일종의 모험이었다. 우리는 어른들의 답답한 가치관을 경멸했다. 그러나 성인이 되고 치료사가 된 지 약 20년이 지난 지금, 오래전의 흐릿한 부모님의 경고가 내 귓가에 메아리치고 있다. 단지 동거하는 것과 입증된 헌신 사이에는 차이가 있다.

결혼 또는 모든 헌신적인 배우자 관계는 최대의 정서적 · 신체적 친밀감을 얻을 수 있는 가장 큰 기회를 제공하며, 헌신이 그 차이를 만든다. 정서적 · 신체적 친밀감은 내일이라도 그 사람을 만날 수 있다는 믿음이 있을 때 가장 잘 형성된다.

결혼과 파트너십은 또한 어린 시절의 문제를 해결할 기회를 주는 좋은 방법인 것 같다. 해결되지 않은 문제를 해결하려는 이러한 필요성 때문에 영원히 행복할 것 같은 이상, 그리고 많은 노력과 눈물 속에서 관계를 맺어야 하는 현실 사이에 엄청난 격차가 생긴다. 누군가가 말했듯이 '결혼은 적과 함께 동침하는 유일한 전쟁'이다. 경계선 문제는 이 해결 과정에서 큰 부분을 차지한다.

우리가 원하는 것

우리는 결혼에서 무엇을 찾길 바라는가? 많은 사람이 지지, 이해, 동반, 애정, 충성심, 재정적 균형, 안정감, 자기표현의 기회, 성적 열정과 충실함을 찾는다. 이것이 그렇게 어려운 요구일까?

경계선 문제를 가진 실제 인물을 예로 들기 전까지는 간단하게 들린다. 프레드로부터 지지와 동반 그리고 애정을 얻는다고 상상해 보라. 프레드는 감정을 인정하는 데 도움을 받아 본 적이 없는 사람이다. 그의 경계선은 너무 멀어서 그의 내면으로 가려면 버스가 필요할 정도다.

대화하려면 경계선이 필요하다

결혼에 관한 수많은 책에서는 대화가 성공적 관계의 열쇠라고 알려 준다. 하지만 모든 대화가 그렇지는 않을 것이다. 차이를 만드는 대화는 개인 내면(중요하지만 안개처럼 희미해 파악하기 어려운 감정, 인정하기 힘든 것, 수치심에 가려진 욕구 등)의 개방, 마음과 생각이 아닌 마음과 마음을 이어 주는 판단하지 않는 경청에서 비롯된다.

나는 오늘날 많은 부모가 이러한 사실을 깨닫고 풍부한 지식을 지닌 연민을 바탕으로 자녀의 감정에 반응하고 있다는 사실에 용기를 얻고 있다. 그러나 이전 세대는 대부분 이러한 개념이 없는 부모에게서 자랐다. 아이들은 통제되었고, 감정은 비난받았다.

결혼 생활의 친밀감을 높이는 고도의 대화 방식은 많은 사람이 어릴 때 배운 것이 아니다. 이는 감정에 대한 접촉과 수용, 그리고 특별한 경청의 질을 전제한다. 두 가지 기술 모두 경계선이 필요하다.

너와 내가 누구인지 알기

우리는 모르는 것을 말할 수 없다. 배우자에게 내면의 과정을 말하려면 그것과 접촉해야 한다. 우리가 누구인지, 무엇을 원하는지, 어떻게 말해야 하는지를 내적으로 잘 아는 데서 오는 정서적 경계선이 필요하다.

비판 없이 경청하려면 내가 상대방이 아니며, 그가 무슨 말을 하든 나는 자신을 지킬 수 있고, 나를 침해하는 발언을 제한할 수 있으며, 그의 프로세스가 나의 프로세스가 아니라는 것을 알아야 한다. 상대방은 누구이고 나는 누구인지를 알아야 건강한 경계선이 가능하다.

빌을 위해 자신을 포기한 마지

마지와 빌은 20대 후반이다. 파티에서 만난 두 사람은 그날 밤부터 3주 동안 틈나는 대로 함께 시간을 보내다가 같이 살기로 했다. 마지는 빌의 어머니가 직접 장식한 빌의 아파트로 이사했다. 마지가 아파트에 들어섰을 때 가장 먼저 눈에 띄는 색은 갈색이었는데, 마치 고급 카우보이 영화 세트장 같은 느낌이었다. 아파트는 아주 깔끔하고 여분의 공간이 없었다.

마지는 자기가 살던 밝고 통풍이 잘되는 아파트를 포기했고, 챙겨온 몇 가지 골동품과 가족사진, 책과 음반들은 지하실 창고에 보관했다. 두 사람 중 누구도 빌의 아파트에서 마지의 물건을 보관할 공간을 마련하거나 아파트를 그가 아닌 그들의 것으로 만들기 위해 다시 꾸밀 생각은 하지 못했다.

빌과 함께 있다는 기쁨에 마지는 매일매일 서둘러 퇴근해 멋진 식사를 준비했다. 그러면 빌은 함께 저녁을 먹은 후 자기가 설거지를 하겠다고 고집했다. 그는 주말에 마지와 함께 쇼핑하고, 사랑을 나누고, 집을 청소하고, 장을 보고, 점심을 먹고, 세차한 다음 자전거를 타거나 걷거나 뛰는 등 변함없는 토요일 일상을 보냈다. 그런 다음 드라이브를 하고, 미니 골프와 같은 여가 활동을 하고, TV를 보거나, 보트 또는 총기 전시회와 같은 지역 행사에 가기도 했다.

마지는 이 일상에 쉽게 적응했다. 빌과 함께 있으면 질서가 잡혔다. 모든 것이 제자리에 있었다.

그러나 한 달이 지나자 이상한 일이 일어났다. 혼자 살던 시절 마지는 항상 천 냅킨과 냅킨 고리를 사용했다. 그녀는 손님에게 냅킨 고리를 고르게 한 다음 손님이 자기 집에 식사하러 올 때마다 손님이 선택한 고리에 냅킨을 넣었다. 어느 토요일에 마지는 지하실 창고에 가서 냅킨과 고리들을 꺼냈는데, 거기에는 그녀가 몇 년 동안 사용했던 것도 있었다. 마지는 자기가 쓰던 크리스털 고리에 냅킨을 끼워 식탁의 자기 자리에 놓았다. 저녁 식사 때 그녀는 빌에게 냅킨 고리를 고르라고 제안했다. 빌은 마지가 쓰던 크리스털 고리를 가리키며 “난 저걸로 할게” 라고 말했다. 그때 마지는 왠지 충격을 받았다. 그러나 아무 말도 하지 않았고, 이건 정말 사소한 일이라며 자신을 달랬다. 자기가 수년간 쓰던 냅킨 고리를 빌이 사용하는 것이 왜 그토록 신경 쓰였을까? 어쨌든 마지는 그것을 지금까지 충분히 사용했고 앞으로도 식탁에서 매일 볼 수 있는데, 어쩐지 빌에게 그것을 건네주면서 슬픔을 느꼈고 마음이 무너졌다. 자기 모습이 너무 우스꽝스러웠던 마지는 눈물을 삼키고 자리에 앉아 억지로 저녁을 먹었다.

마지에게 또 다른 미스터리는 아파트에 들어온 이후 계속 느꼈던 낯선 비현실감이었다. 방을 돌아다니거나 청소할 때면 마치 꿈속에 있는 것 같은 기분이 들었다. 그 아파트는 자기가 살던 아파트보다 훨씬 더 고급스러웠고 훨씬 더 비쌌다. 어쩌면 자신이 좋은 물건에 익숙하지 않은 탓일지도 모른다고 생각했다.

그녀는 불편하게 느껴지는 것들이 이상하다고 생각했다. 무거운 가구와 갈색 톤, 커튼이 쳐진 창문(빌은 거의 광신도처럼 프라이버시를 중요하게 여겼다) 때문에 아파트 내부가 어두웠다. 마지가 밝은 빛을 좋아하는 것은 맞지만, 어둠이 이토록 신경 쓰이는 것이 이상했다.

빌은 일정한 온도를 좋아했다. 무슨 일이 있어도 샤워하는 아침 첫 한 시간을 제외하고는 실내 온도를 겨울에는 20℃로 여름에는 22℃로 유지했다. 그러나 마지는 열린 창문, 바람, 밤의 소리를 좋아했다.

두 사람이 함께 보낸 첫 겨울, 빌은 퇴근 후 집에 돌아와 마지가 온도 조절기를 21℃로 맞춰 놓은 것을 발견했다. 빌은 겨울이든 여름이든 매일 기상 시, 퇴근 후, 잠자리에 들기 전에 어김없이 온도 조절기를 확인했다. “마지, 온도 조절기를 건드렸군.” 그가 말했다.

그 순간 마지는 자신이 나쁜 여자처럼 느껴졌다. 심지어 그것을 부정하고 싶었다. 그녀는 "좀 추웠어"라고 말했다. 빌은 "추웠다고? 말도 안 돼. 20℃면 충분히 따뜻한 온도야"라고 되받아쳤다. 이에 마지가 "생리가 곧 시작될 것 같아. 그때가 되면 늘 추위를 탄다고"라고 말하자 그는 "말도 안 돼"라고 말하며 고개를 저었다. 이러한 빌의 행동에 마지는 머릿속이 하얘지면서 아무 말도 할 수 없었다. 빌은 계속 말했다. "추우면 스웨터를 입으면 되잖아."

다음 해 여름, 창문을 열고 싶다는 마지의 말에 두 사람은 세 시간 동안 싸웠다. 마지는 그날 창문을 열기는 했지만, 빌의 불평이 너무 심해서 남은 여름 동안은 창문을 열자는 얘기를 더는 하지 않았다.

흔적 없는 마지

마지는 빌의 아파트로 이사하면서 자신에 대한 감각, 즉 분명한 정서적 경계선을 가진 한 인격체여야 한다는 중요한 내면의 자각에서 자신을 분리시키는 미묘한 세뇌가 일어났다. 마지는 자신의 모든 물건을 따로 보관함으로써 자신의 흔적이 전혀 없는 환경으로 이사했다. 그녀는 빌의 색깔, 빌의 가구, 빌의 가족사진 속에서 살았다.

이는 단지 물건일 뿐이라고 말할지도 모른다. 그러나 물건은 중요하다. 특히 친구가 준 장신구, 특별한 행사의 기념품, 사랑하는 사람의 사진처럼 그것에 담긴 의미 때문에 간직하는 물건들은 더 중요하다. 이러한 물건은 우리 자신의 물리적 연장선이며, 우리 내면의 한 측면을 상징한다. 집은 우리의 물건을 담고 있으므로 친숙하게 느껴진다. 호텔 객실은 옷과 신발을 집어넣기 전까지는 내 것이 아무것도 없으므로 비개인적으로 느껴진다.

마지는 일종의 문화 충격을 받고 있었다. 빌의 물건들, 즉 자신에게는 낯선 조명, 빌의 색채와 취향에 둘러싸여 있었다. 마지는 빌의 스케줄, 기준, 일상, 취미 생활 안으로 미끄러져 들어갔다. 심지어 빌은 마지가 아파트 안에서 선택한 유일한 물건인 냅킨 고리까지 원했다. 하지만 마지는 그것에 매달릴 수 없었다. 그녀는 냅킨 고리를 빌에게 건네줄 때 그것이 얼마나 자신에게 상징적인지 이해하지 못했지만, 내면의 자아는 눈물로 말하고 있었다. 하지만 마지는 눈물을 멈추고 내면의 중요한 정보로부터 자신을 차단했다. 그녀의 몸은 알았고, "나는 내가 가진 모든 것을 포기했어!"라고 외치고 싶어 했다.

인질로 잡힌 우리 자신

이러한 침식은 마지가 빌의 환경적 요구에 스스로 복종하면서 계속되었다. 빌은 마지가 추위 느끼는 것을 무시했다. 마지가 굴복했을 때, 그녀는 자신의 신체적 · 정서적 정체성의 또 다른 부분을 포기했다. 신체적 욕구를 무시하거나 거부하는 것은 정서적 건강을 좀먹는다. 추위 느끼는 것을 무시하고, 목이 마를 때 물을 마시지 않고, 피곤할 때 휴식을 취하지 않는 것은 기본적인 생존 욕구를 충족할 만큼 우리가 중요하지 않다는 메시지를 자신에게 보내는 것과 같다. 반면에 자신을 잘 돌보는 것은 놀라울 정도로 자기를 강화하고 온전함을 촉진한다.

마지는 창문을 열거나 닫는 것까지 통제하려는 빌의 강박적인 욕구에 굴복하면서 서서히 자신을 인질 상황에 두었다. 자신의 기본적인 신체적 욕구에 대한 통제권을 빌에게 준 것이다.

인질은 탈출 또는 구조될 때까지 살아남는다는 단 하나의 목표를 가지고 있다. 그 목적을 이루기 위해 미묘한 심리적 변화가 일어난다. 인질은 통제권을 가진 사람과 유대감을 형성하고, 통제자의 관점에서 사물을 보기 시작한다. 통제자의 생각을 이해하게 되고, 충성심 때문에 다른 사람에게 대항하거나 심지어 통제자 편에 설 수도 있다. 자신의 정체성이 통제자의 정체성 아래 잠기게 되어 그가 없는 상황을 두려워하면서 구조 활동을 방해하고 탈출을 거부할 수도 있다.

생존은 발달을 가린다

학대하는 부모에게 인질로 잡힌 아이들과 학대하는 남편의 아내는 이 과정을 명확하게 보여 준다. 생존에 초점을 맞추면 항상 발달이 가려진다. 만약 당신이 추위를 느끼거나 빛이 부족해서 에너지를 빼앗긴다면 어떻게 자기 인식을 확장할 수 있겠는가? 폭행당할까 봐 걱정된다면 분노를 어떻게 처리하겠는가? 그것을 표현하기에 충분히 안전한가? 분노에 대해 무엇을 배우고 있는가?

친밀감은 알려지는 것에서 비롯되며, 알려지려면 자신을 알고, 알아야 할 자아가 있어야 하며, 상대방에게 보여 줄 수 있는 자신의 개별성에 대한 풍부한 감각이 있어야 한다.

자아가 있더라도 친밀감을 형성하려면 시간, 개방성, 편견 없는 태도, 대화, 경청, 수용이 필요하다. 친밀과 열중infatuation 사이에는 엄청난 차이가 있다. 서머싯 몸W. Somerset Maugham은 말했다. “사랑이란 서로를 모르는 남자와 여자에게 일어나는 일이다.”

친밀감에는 두 사람이 필요하다

친밀감을 형성하는 데 가장 중요한 요소는 개별적인 두 사람이 있어야 한다는 것이다. 진정한 친밀감에는 두 명의 분리된 개인이 필요하다. 공생은 친밀감이 아니다. 두 사람이 온전히 분리되지 않은 채 팀을 이루는 것은 친밀감을 형성한 것이 아니다. 그들은 온전한 인격체를 만들지도 못했다.

애정이 필요한 두 사람이 친밀한 유대감을 가진 두 명의 개별화된 사람으로 변화하는 데는 많은 시간과 논쟁, 의사소통, 실수, 명확성, 용서, 수용 그리고 지지가 필요하다. 두 사람이 서로에게 헌신하기 전에 개인의 발전을 위해 열심히 노력했다면, 이 과정은 결혼식을 마치고 걸어 나오면서 시작하는 것보다 시간이 훨씬 덜 걸린다.

현실을 직시해 보라. 많은 사람이 상처받은 무언가를 고치려고 결혼한다. 이러한 동기와 진정한 친밀감의 발달 사이에는 상당한 거리가 있다.

사람들은 집을 떠나려고, 외롭지 않으려고, 돌봄을 받으려고, 자녀를 돌보려고, 동반자를 만들려고, 재정 상황을 개선하려고, 무언가를 함께 나눌 사람이 필요해서, 선택받았다는 것을 다른 사람에게 알리려고, 누군가가 나를 원한다는 느낌을 받으려고, 사회적 기대를 충족하기 위해 결혼한다. 그러나 결혼한 지 몇 초 만에 기대하지 않았던 변화가 일어난다.

결혼식에서 뿌린 꽃잎이 바닥에 떨어지기도 전에 각자의 어린 시절 문제들이 권력, 통제, 개인성, 분리성, 친밀감에 대한 문제로 쏟아져 나오기 시작한다. 많은 부부가 행복한 결말을 향한 평화로운 이행을 기대하기 때문에 이러한 혼란은 충격으로 다가온다. 이 세상 누구보다 나를 사랑해야 하는 남편은 아침을 먹으며 신문을 읽고 싶어 한다. 그렇게 까다롭지 않던 아내는 내가 퇴근 후 피곤한 몸을 이끌고 집으로 돌아왔을 때 '우리 문제들'에 대해 몇 시간이고 이야기하자고 한다. 사소해 보이는 일들이 큰 반응을 불러일으키고, 몇 주 전만 해도 그렇게 매력적으로 보였던 상대방이 낯설게 보이며 누구인지 궁금해진다. 마치 결혼 증명서 뒷면에 의제가 인쇄되어 있고, 이 의제는 어린 시절 가족들이 강요하던 목록, 즉 '이렇게 해라, 이렇게 하지 마라, 이건 중요할 것이다, 이건 중요하지 않을 것이다'라는 목록을 제시하는 것과 같다. 배우자 각자에게 목록이 있고, 중요한 항목은 서로 충돌할 것이다.

로라의 이야기

팀을 처음 봤을 때, 그는 설교하려고 교회 강단에 서 있었어요. 나는 그가 개회 기도의 마지막에 '아멘'을 하기도 전에 깊은 인상을 받았어요. 그에게는 뭔가가 있었어요. 정직함과 신선함, 정확하게 설명할 수는 없지만 아무튼 그에게 끌렸어요.

우리 둘 다 우연히 그곳 교회에 갔어요. 친구가 추수감사절 전야 예배에 나를 초대했거든요. 알고 보니 팀은 다른 교회 출신이었어요. 보통 나는 예배가 끝나면 자리를 뜨지만, 이번에는 친구가 이끄는 대로 교구 회관에서 하는 저녁 식사에 갔답니다.

팀이 문을 열고 들어왔을 때 나는 셀러리를 다듬고 있었어요. 나는 그를 알아차리지 못했지만, 그는 나를 알아보고 다가와 "도와드릴까요?"라고 묻더군요. 나는 "식탁에 이 순무를 셀러리와 함께 나란히 올려놓아야 해요"라고 말했죠. 그는 웃으며 "금방 돌아올게요"라고 말하고는 잠시 사라졌다가 다시 내 옆으로 돌아왔어요. 그러면서 "사람들과 악수를 많이 해서 손을 씻어야 했어요"라고 말하더군요.

그는 내 옆에 의자를 가져다 놓고 앉았고, 우리는 다듬은 셀러리를 식탁 위에 순무와 나란히 올려놓았어요. 누군가에게 반해 본 사람이라면 그 순간 얼마나 짜릿한 느낌이 드는지 알 거예요. 순무를 가지런히 놓는 게 그렇게 스릴 넘치는 일은 아니잖아요.

팀이 내게 전화를 했고, 우리는 데이트를 했어요. 그는 내 몸에 손을 대지 않았어요. 이것은 내게 놀라운 일이었고, 사실 나는 새로운 것을 경험했어요. 나는 그를 원했어요. 그와 키스하고 싶었고, 그의 손길을 원했죠.

우리는 정기적으로 만나기 시작했어요. 그는 나와 함께하면서 너무 행복해했고 나를 좋아했어요. 내 곁에 있기를 원했죠. 나를 자랑스러워했어요. 팀은 내가 자기 친구들을 만나길 바랐어요.

나는 팀의 소년미와 열정이 좋았어요. 무엇보다도 그가 나를 너무나도 원했기 때문에 그와 함께 있으면 매우 안전하다고 느꼈어요. 그 안전감이 다른 모든 생각을 배제했어요. 팀은 나와 함께 있는 것만으로도 너무 행복해했고, 저는 큰 안정감을 느꼈어요. 그 안정감을 위해 어디든 따라갔을 거예요. 나는 태어난 지 일주일 만에 버림받은 것에 대한 엄청난 두려움이 내 안에 있었다는 사실을 몰랐어요. 그 두려움을 완화하는 것이 내 마음의 핵심이라는 것을 몰랐던 거죠.

우리는 결혼하기로 했어요. 하지만 결혼식을 앞두고 매우 긴장했어요. 계속 나 자신을 다독이고 설득했죠. 치료사는 내가 준비될 때까지 결혼식을 미뤄도 괜찮을 거라고 말했어요.

하지만 나는 스스로 일을 헤쳐 나가는 데 익숙했어요. 나는 나에게 일어난 일들에 대한 준비가 전혀 되어 있지 않았어요. 태어날 준비가 되지 않았지만, 일찍 태어났죠. 태어날 때 혼자가 될 준비가 되어 있지 않았지만, 인큐베이터에서 나올 때까지 혼자였어요. 어머니가 나를 집으로 데려갔을 때, 나는 할머니를 떠날 준비가 되어 있지 않았어요. 의붓아버지가 나를 만지기 시작했을 때, 나는 성관계를 할 준비가 되어 있지 않았어요. 팀과 결혼할 준비도 되지 않았지만, 그가 나를 너무 원했기 때문에 그것으로 충분하다고 생각했어요. 시간이 더 필요하다는 말로 그의 감정을 상하게 할 수는 없었어요.

결혼 후 처음 몇 달은 두려움이 사라져서 정말 좋았어요. 끊임없이 비현실적인 느낌이 들었지만, 의심할 생각은 하지 않았죠. 내 삶이 아니었기 때문에 그런 기분이 든다는 생각은 전혀 들지 않았어요. 그것을 나중에야 깨달았죠.

나는 '설교자의 아내'라는 동화 속에 살았고 모든 사교 행사에서 주인공이 되어 많은 관심을 받았어요. 교인들은 우리를 안아 주며 칭찬을 아끼지 않았죠. 나는 미소 지으며 웃었어요.

신의 축복을 받은 우리의 결합은 우리에게만 완벽한 것이 아니라 다른 사람들에게도 상징적인 결혼이 된 것 같았어요. 나는 너무 행복해서 한 달 동안 발이 땅에 닿지 않는 것 같았죠. 이 모든 것에 감격해야 한다고 생각했지만, 그렇지 않았어요. 실감이 나지 않았거든요. 나는 직감이 뛰어났지만, 그것에 귀를 기울이지 않았어요. 이 일이 즐겁다고 스스로 되뇌면서 그것에 따라야 했어요. 하지만 내 본능은 분명히 대가가 있을 거라고 했죠.

결혼 당시 나는 팀의 재정 상태에 대해 잘 몰랐어요. 나는 그가 교회에서 사례를 받고 있고, 돈을 잘 관리할 것이라고 생각했어요. 또한 그를 이상화하는 실수도 저질렀죠.

결혼하기 직전에 남편이 나를 데리고 쇼핑하러 간 적이 있어요. 우리는 가구점 통로를 돌아다니며 의자에 앉아 보고 서로 어떤 스타일을 좋아하는지 알아보면서 즐거운 시간을 보냈어요. 그때 남편이 "우리 집에 어떤 걸 두면 좋겠어?"라고 말해서 깜짝 놀랐어요. "이미 가구가 있잖아요"라고 내가 말하자 그는 "하지만 곧 우리 집이 이곳처럼 될 거야. 마음에 드는 걸 골라 봐"라고 했어요.

그것은 또 한 번 도취되는 경험이었어요. 그의 관대함은 나의 안전감을 더 강화시켰어요. 나를 잘 돌봐주었죠. 자라면서 최소한의 보살핌만 받았는데, 그마저도 의붓아버지가 등장하면서 더 적어졌어요. 세상 무엇보다도 나는 돌봄을 받고 싶었어요.

팀은 몇 시간 동안 나를 안아 주곤 했어요. 그것은 질리지 않았어요. 어릴 때 애정이 없이 자란 터라 메마른 식물처럼 그의 애정에 흠뻑 젖었어요. 그는 내가 평생 굶주렸던 세 가지, 즉 환영받는다는 안정감, 보살핌을 받는다는 안전감, 그리고 내가 요구한 모든 애정을 주었어요.

내가 그를 사랑했나? 그에게 주고 싶었나? 이 질문들을 건너뛰었어요. 그가 내게 준 것을 지키기 위해 무엇이든 했을 거예요.

그는 나를 많이 데리고 다녔어요. 나는 요리하지 않아서 좋았어요. 영화도 보러 가고 소소하게 여행도 다녔지요.

이러한 낙원에 첫 번째 균열이 생긴 것은 어느 날 남편이 필요 없는 물건을 잔뜩 들고 집에 돌아왔을 때였어요. 집으로 돌아오는 길에 차고 세일에 들렀던 거죠. 그는 고장 났거나 우리 집에 어울리지 않는 물건들을 골랐더군요. 단 5달러에 몽땅 샀다며 기뻐했어요.

우린 싸우지 않았어요. 별일 아니라고 스스로 말했죠. 하지만 쓸데없는 낭비라 신경이 쓰였어요. 그 물건들을 사용할 수 없으니까요. 조금 두려운 마음이 들기 시작했지만 억눌렀어요.

한 달 후, 남편은 새 TV 세트를 가지고 왔고, 그다음 달에는 VCR

을, 또 다른 달에는 다른 중고차를 사 왔어요. 이 차는 기존에 있던 차보다 좋지도 않았어요. 더 오래되고 더 낡았지만 그는 그 차에 푹 빠져 있었어요.

경고음이 울리기 시작했죠. 이 모든 물건을 구매하는 데 충분한 돈이 우리에게 있을까? 그는 돈에 대해 비밀이 많았고 내가 질문하는 것을 좋아하지 않았어요. 한번은 그가 청구서를 처리하고 있을 때 서재에 들어갔더니 나에게 나가라고 소리를 쳤어요. 순간 두려움이 다시 밀려왔지만 괜찮을 거라고 나 자신을 설득했죠.

별다른 주의를 기울이지 않다가 어느 날 남편의 청구서를 보게 됐어요. 신용카드 청구서였는데, 지난 두 달 동안 결제를 하지 않아서 경고 문구가 크게 적혀 있었어요. 남편은 내가 그것을 봤다는 사실에 화를 냈지만, 나는 무슨 일인지 설명해 달라고 요구했어요.

남편은 이렇게 말했어요. 단지 세금 낼 돈을 빌려야 했기 때문에 납부가 조금 밀린 것뿐이다. 목사라 자영업 세금을 내야 하는데, 지난 몇 년 동안 조금 어려움을 겪었다. 그러다 보니 대출이 있는 동안 쓸 돈이 조금 부족했다. 하지만 당신에게 와인과 근사한 식사를 대접하며 특별한 시간을 보내게 해 주고 싶다는 열망이 너무 커서 돈에 대한 이런 압박감을 잊을 수 있는 만큼 행복했다. 몇 가지는 외상으로 처리했고, 몇 가지는 아직 비용을 처리하지 못했지만 걱정할 필요 없다. 곧 다 해결하게 될 거다.

애써 쫓아냈던 두려움이 다시 찾아왔어요. 정확하게 의식하지는 못했지만, 어쨌든 결혼에서 얻으려고 했던 안전감이 점점 멀어지기 시작했어요. 나는 안전감을 느끼기 위해 그와 결혼한 거였어요. 그런데 돈과 관련해서 점점 불거지는 모든 상황은 내가 생각했던 것만큼 그가 나와 함께 있지 않다는 것을 보여 주었어요. 사실 나는 나도 모르게 남편과 계약을 맺은 셈이었죠. 그는 나를 안전하게 지켜 주고, 나는 그를 행복하게 해 주기로요. 하지만 그는 보이지 않는 그 계약을 서서히 깨고 있었어요.

남편은 많이 안아 주던 것을 멈췄어요. 나에게는 거의 만족할 줄 모르는 접촉 욕구가 있었는데, 그의 행동 변화가 재정적 압박감과 관련이 있다는 것을 이해하지 못했어요. 내가 아는 것이라고는 나는 안기고 싶은 욕구가 절박하고, 그러기에는 남편이 너무 바쁘다는 거였죠. 그는 늘 설교와 회의 준비로 바빴어요. 서재에 혼자 있는 시간이 많았어요. 점점 나 자신이 교회보다 덜 중요한 존재로 느껴지기 시작했어요. 신도들은 언제든지 남편에게 전화해 그의 전적인 관심을 받을 수 있었어요. 마치 할머니가 자선 활동에 참여하느라 나 혼자 집에서 외로워하던 것과 비슷했어요. 서재를 들여다보면 남편은 성경을 읽고 있었어요. 어떤 까다로운 마녀가 성경 읽는 남자를 방해할 수 있을까요? 우리 할머니의 활동처럼 그의 일 역시 너무나 가치 있어 보였어요. 그렇게 거룩한 일에 종사하는 사람에게 관심을 받고 싶다는 게 말이 되나요?

팀은 제가 5분만 안아 달라고 부탁하면 부담스러운 듯 행동했어요. 우리의 성생활은 당연히 사그라들었죠.

그는 내가 명시하지 않은 비서면 계약의 두 번째 조항을 어겼어요. 내가 원하는 만큼 나를 안아 주기로 했는데 그렇게 하지 않았으니까요.

결혼 생활이 행복하지 않았어요. 나는 두려움을 없애기 위해 그와 결혼했어요. 남편이 나에게 너무 열정적이라 절대로 나를 버리지 않을 거라고 확신했기 때문에 결혼했어요. 그와 맺은 나의 비서면 계약에서 남편은 어떤 식으로든 나를 버리지 않겠다고 약속했어요. 하지만 교회와 돈에 대한 그의 집착이 나를 버려두었죠. 나는 다시 두려워졌어요.

나는 돈에 집착하게 되었어요. 남편이 돈을 다르게 처리하게끔 하면 돌아오리라 생각했어요. 나는 그의 지출 습관을 개선하려고 노력했어요. 나의 적은 그의 충동구매였어요. 무언가를 산다는 것은 추가적인 재정적 의무를 지는 것이고, 그것이 그의 압박감을 조성했어요. 그러니 구매를 없애서 압박감을 없애는 거죠. 나는 남편의 지출에 영향을 미치려고 온갖 방법을 동원했어요. 눈물, 협박, 분노, 성관계, 애교, 음식, 유혹, 설득, 논리 등. 그러나 아무것도 효과가 없었어요. 이것을 통제하는 데 실패할수록 더 화를 내고, 겁을 먹고, 집착하게 되었어요. 나는 우리에게 필요한 것을 구매할 때 내 돈을 사용하기 시작했어요. 그렇게 하면 남편의 돈으로는 청구서를 처리할 거라고 생각했지요. 그러나 남편은 자기 돈으로 더 많은 물건을 사들였어요.

남편은 신용카드를 최대한도까지 사용했고, 나는 우리가 시작한 생활 양식에 맞게 자금을 조달하기 위해 내 신용카드를 사용하기 시작했어요. 나는 치료를 받으러 가자고 고집을 부렸고, 나의 초점은 오직 남편의 지출에 집중되어 있었어요. 강박적 지출이 무엇인지 배우게 되었고, 남편에게 12단계 모임에 나가서 이 문제를 회복해야 한다고 주장했어요. 하지만 그는 모임에 한 번 가 보고는 좋아하지 않았어요.

이 모든 시간을 보내는 동안 나는 남편에 대한 집착을 인식하지 못했어요. 나는 나쁜 여자가 되었어요. 너무 화가 나서 끊임없이 그를 추적했어요. 그가 한 어떤 것도 마음에 들지 않았죠. 때때로 그를 벌주고 싶었어요. 정확히 왜 그런지는 모르겠어요. 우리를 위태로운 재정 상태에 빠뜨린 그를 벌하고 싶었던 게 아닐까 싶어요. 하지만 지금은 그가 나를 버린 것으로 인해 우리 엄마와 할머니에 대해 감히 느끼지 못했던 분노의 문이 열린 것 같아요. 남편은 그들 대신이었어요. 그는 그들이 한 짓을 했고, 내가 오랫동안 저장해 둔 독을 가져갈 뻔한 거죠.

결국 내가 남편을 쫓아낸 거예요. 이 모든 일에 대해 나 자신을 탓하지는 않아요. 그도 뭔가 관련이 있었으니까요. 그러나 그가 저지른 일들을 내가 처리하고 정리하는 것은 아무 소용이 없었어요. 팀이 나를 떠났을 때, 그가 나를 버린 것은 내가 무가치해서가 아니라 그 사람 자신 때문이라는 것을 말해 줄 사람들이 필요했어요.

하지만 진실은 상황이 이렇게까지 된 데는 내게도 많은 책임이 있고, 내가 그것을 직면하고 스스로 노력할 때까지는 아무것도 바뀌지 않는다는 거예요.

성인이지만 온전한 사람은 아닌

로라는 태어날 때부터 경계선 발달에 장애가 있었다. 당시 미숙아에 대한 표준 치료법이었던 무개입 정책the hands-off policy의 희생자였던 로라는 엄마와 유대감을 형성하지 못해 신체적 자아에 대한 감각을 발달시키는 일이 지체되었다. 이러한 접촉 결핍은 어린 시절 내내 계속되었다.

로라 어머니의 부재와 할머니의 바쁜 생활은 그녀를 정서적 유기 상태에 두었다. 가족과 피상적인 연결이 있긴 했지만, 어머니가 로라를 할머니 집에서 떼어내 의붓아버지가 성적으로 학대하는 집으로 데려가면서 이마저도 상실했다. 이러한 장기간의 정신적·정서적 접촉 결핍은 중요한 자아 발달을 방해했다. 모든 아이가 가지고 있는 자연적 의존 욕구가 충족되지 못했고, 그녀의 생존에 대한 집착은 발달과업의 정상적인 흐름을 방해했다. 성인이 되었지만 온전한 사람whole person은 아니었다.

로라는 신체적 경계선에 대한 왜곡된 감각과 불완전한 정서적 경계선을 가지고 자랐다. 이러한 상태는 두려움을 유발한다. 근친상간, 학대, 방임, 유기의 생존자 중 상당수가 두려움을 안고 살아간다. 이러한 두려움은 의식적이지 않을 수도 있으나, 다시 상처받을 수 있다는 생각이 많은 선택을 지배한다. 생존자들은 일반적으로 두려움을 쫓아내는 것처럼 보이는 짝을 선택하지만, 같은 학대나 유기당함의 패턴을 반복하는 자신을 발견하게 된다. 자아발달이 불완전하고 경계선이 불건전한 두 사람이 만나 서로에게서 안도감을 찾다가 이내 서로에게 지옥을 발견한다. 이러한 관계는 여러 번 깨지고 각자 다른 사람에게로 이동해 사이클을 반복한다.

연이은 파트너들은 서로 매우 다른 것처럼 보이지만, 비슷한 기본 잠재의식적 효과는 지속될 가능성이 높다. 제인이라는 인물이 있고, 그녀의 가장 큰 욕구가 두려움을 없애는 것이라면, 파트너들은 두려움을 없애는 초기 능력을 공통으로 가지고 있을 것이다. 어쩌면 한 사람은 재미있고 유머러스하며, 다른 사람은 힘이 세고, 또 다른 사람은 큰 차를 가지고 있는 식이다. 이는 매우 다른 속성이지만 각각 특정한 방식으로 안전감을 줄 수 있다. 제인은 안전감을 바탕으로 결혼하지만, 그 안전감이 사라지면 관계의 기반이 사라진다.

하지만 관계가 갑자기 끝나는 것은 아니다. 안전감의 상실은 제인에게 이와 관련된 자신의 감정을 표현할 기회가 된다. 안전감이 제인에게 문제가 된다면 어려서부터 그것이 문제였을 것이다. 어렸을 때 제인은 안전하지 않은 것에 대한 분노나 슬픔, 두려움을 표현할 수 없었을 것이다. 결혼 생활에서 안전감을 잃은 제인은 마침내 그것에 대해 슬퍼하거나 화를 냈다.

우리는 종종 오랫동안 억눌린 감정을 표현하고 싶은 강력한 욕구가 우리를 부정적인 상황에 반복적으로 놓이게 하는 강력한 요인이 된다는 사실을 잘 인식하지 못한다. 이것이 많은 다툼의 근본적인 원인이라는 사실은 종종 눈에 띄지 않는다. 대부분은 강하게 억눌러 온 감정을 표현하고 싶은 욕구가 얼마나 강력한 영향을 미치는지 알지 못한다. 나는 폭력, 범죄, 강간, 전쟁, 학대, 편견, 탄압 등 세상의 많은 병폐가 자신의 감정을 건강하게 다루지 못하는 개인의 무능력에서 비롯된다고 생각한다.

대역에게 감정을 표현하는 것으로는 원래 문제를 해결할 수 없다. 제인이 자신의 안전감을 앗아간 아버지에게 화가 난다면 아무리 남편에게 화를 내거나 감정을 많이 표현해도 문제가 해결되지 않는다. 남편은 원래 가해자가 아니기 때문이다. 연쇄 살인범을 생각해 보라. 첫 번째 살인으로 문제가 사라지는가? 아니다. 아무리 많은 희생자가 생겨도 그들은 또다시 살인을 저지른다. 부모와의 미완성된 일이 있을 때 우리는 연쇄 피해자, 연쇄 변명자, 연쇄 관리자 등 무엇이든 과거의 오래된 감정을 표출할 기회를 만들게 된다.

두 가지 경로: 생존 또는 발달

온전한 인간의 구성 요소를 간단히 설명하겠다. 성장하는 아이에게는 생존 또는 발달이라는 두 가지 경로 중 하나가 제공된다. 아이가 학대, 방임, 유기, 무시 또는 성인의 책임을 떠맡게 되면 생존에 관심과 에너지를 집중한다. 그리고 생존을 보장하고 남은 것이 발달에 사용된다.

모든 에너지가 생존에 집중되면 발달은 뒷전으로 밀려난다.

기본적인 신체적 욕구가 충족된 아이는 다음 단계의 욕구로 나아간다. 충분한 수면과 음식, 기저귀 교환이 충족된 아기에게는 안아 주고 말을 걸어 줘야 한다. 색상과 소리의 자극이 필요하다. 음식을 충분하게 먹고 휴식을 취한 유아는 움직이게 하고, 안전하게 탐색하게 하고, 안아 주어야 한다. 영양가 있는 식사와 충분한 휴식을 제공받고 운동을 하는 아이는 많이 질문하고, 사물을 분해하고, 자기 몸을 탐색할 필요가 있다. 안전한 환경에서 충분히 먹이고 입힌 10세 아이에게는 정신적 자극, 적절한 수준의 책임감, 사회 활동, 기술 훈련, 복잡한 사건에 대한 해석, 안전하게 혼자 있을 수 있는 도움, 대화, 의사소통, 경청 등이 필요하다. 각각의 경우 기본적 의존 욕구가 충족될 때 연령 수준에 맞는 건강한 독립성이 나타난다.

아이가 만성적으로 두려움과 혼란을 느끼지 않는다면 성장하면서 자신에게 제시된 발달과업을 자유롭게 확장할 수 있다. 그러나 대부분의 관심이 생존에만 집중되면 중요한 발달 단계를 놓친다.

저장된 감정이 우리를 통제한다

이는 두 가지 엄청난 결과를 초래한다. 첫째는 자아의 온전한 출현이 해를 입고, 둘째는 피해에 대한 강력한 감정과 생존 욕구가 저장된다.

저장된 감정은 우리를 지배한다. 감정은 우리의 가치관, 결정, 관점, 특히 배우자 선택에 무의식적으로 영향을 미친다. 또한 허술한 경계선을 보완하기 위해 우리가 구축하는 방어의 유형을 결정한다.

우리는 억압되고 저장된 감정을 풀어내고, 기본적인 신체적 욕구와

의존성 및 기타 발달적 욕구를 충족하며 경계선을 구축하는 과정을 거침으로써 어릴 때 받은 상처에서 회복될 수 있다. 그러면 상처받은 자아가 온전해질 수 있다.

경계선이 없다면 방어가 필요하다

온전한 사람은 관계에서 불완전한 사람과는 완전히 다른 가능성을 나타낸다. 온전한 사람은 욕구를 정의하고, 감정을 표현하며, 한계를 설정할 수 있다. 온전한 사람은 방어라기보다 경계선을 가진 개별적인 정체성을 유지한다.

경계선은 한 사람의 명확한 특성이 타인과 다르다는 인식에서 비롯된다. 경계선을 구축하는 능력은 어린 시절의 미완성 과제를 마무리하는 데서 비롯된다. 피해를 확인하고, 억압된 감정을 느끼고, 상실을 슬퍼하는 것은 우리 안에 있는 불완전한 아이의 온전함을 회복시켜 준다. 이 작업이 완료되면 친밀감을 위한 능력이 확장된다.

로라의 이야기

4년간의 치료 중에 가장 극적인 변화를 가져온 것은 내 인생 초기의 몇 주 동안 경험한 끔찍한 버림받음을 슬퍼하는 것이었어요. 내가 겪은 일 중 가장 힘든 일이었죠. 다른 사람들과 달리 나는 감정을 느끼는 것과 치료를 두려워하지 않아요. 보통 치료 단계로 바로 뛰어들어요. 하지만 아기 시절을 애도하는 몇 주 동안은 너무 힘들었고, 내가 왜 그 세월을 피하고자 사람과 음식과 강박적인 일을 사용했는지 알 수 있었어요. 어떤 날은 슬픔 때문에 너무 절뚝거려서 침대에 누워 숨만 쉴 수 있었어요. 그런 다음에는 너무 화가 나서 침대를 주먹으로 두드리고 비명을 지르는 또 다른 단계를 거쳤어요.

그러한 과정이 내 인생을 바꿔 놓았어요. 다른 사람이 나를 돌봐줄 필요가 없어졌죠. 다른 사람이 나를 채워 줄 필요가 없으니 나 자신이 온전한 사람처럼 느껴졌어요.

비로소 진정으로 누군가를 사랑하기 시작했어요. 더는 내 안에 숨겨 둔 계약서를 간직하지 않았어요. 내 일이 아니기 때문에 상대방의 결점을 기록할 필요가 없었고, 내 생존이 더는 상대방의 완벽함과 연결되지도 않았어요. 우리 사이에는 친밀감과 건강한 거리감이 흐르고 있다는 것을 느꼈고, 끊임없이 함께하기를 요구하는 대신 내 안에서 그 요구를 다룰 수 있게 되었어요.

모든 게 매우 달라졌어요. 친밀감이라는 것이 예전에 내가 생각했던 친밀감과는 전혀 달라요. 나는 그것을 동화 같은 것으로 생각했는데 판타지가 아니라 현실로 느껴져요. 둥둥 떠다니는 게 아니라 발이 땅에 닿아 있어요. 우리는 유대감이 있지만 서로의 욕구나 생각에 구속되어 있지 않아요. 우리는 여러모로 닮은 점이 많지만, 다른 점도 많아요. 이제는 서로 다르다는 점이 편해요. 논쟁은 꽤 뜨거워질 수 있지만 무섭지는 않아요. 꽤 짧은 시간 안에 우리는 서로 다른 시각을 가지고 있지만 각자의 견해가 타당하다는 것을 깨달을 수 있었어요. 나는 팀이 제 방식으로 사물을 바라보게 하려고 얼마나 애를 썼는지 기억해요. 물론 모조리 실패했지만요. 하지만 내가 팀이 사물을 바라보는 방식으로 본 적은 없었어요.

여기에 놀라운 사실이 있어요. 내 인생에서 이보다 더 안전감을 느낀 적이 없었다는 거예요. 예전에는 팀이 계속해서 나에게 그런 안전감을 주도록 끊임없이 노력했죠. 하지만 그런 안전감을 주는 사람은 없었어요. 나 스스로 얻는 거지요.

유대하고 있으나 속박되어 있지는 않다

정서적 경계선을 느낄 때 우리는 자신의 정서와 타인의 정서를 구별할 수 있다. 우리는 다른 사람의 감정을 들을 수 있고 그것을 고칠 필요가 없다. 어떤 문제가 우리의 문제이고 어떤 문제가 상대방의 문제인지 구별할 수 있다. 누군가 자신의 감정을 감당할 수 없을 때 우리에게 쏟아내지 않도록 우리 자신을 보호할 수 있다. 상대방에게 속한 책임을 떠안는 것을 분명하게 거절할 수 있다.

나의 것을 소유하고 책임지기

사람들은 보통 불편한 감정을 다른 사람에게 떠넘기거나 다른 사람이 대신 책임지게 하는 방식으로 다룬다. 내가 환자를 걱정하며 불안한 마음으로 집에 문을 열고 들어갔는데 이내 화장지가 떨어진 것을 발견하고는 “이 집 사람들은 왜 생필품을 미리 준비해 두지 않는 거지!”라고 소리친다고 하자. 내가 진짜 행동하는 것은 무엇인가? 내 걱정과 불안을 무고한 사람들에 대한 분노로 바꾸어 다루고 있는 것이다. 사실 내가 책임져야 할 나의 감정을 다른 사람들이 처리하도록 소리치는 것이다.

한 가지 대안은 내 감정과 행동을 의식하고 가능한 한 빨리 그것에 책임을 지는 것이다. 예를 들어, "죄송해요, 내가 당신에게 소리를 질렀네요. 다른 일로 좀 불안해서 화가 났어요. 그 일과 당신은 아무 관계도 없는데 당신에게 화를 내 버렸네요. 정말 죄송합니다."

또 다른 훌륭한 대안은 당신이 감정을 부적절하게 다룰 때, 당신에게 경계선을 명확하게 그어 줄 수 있는 파트너를 만나는 것이다. 예를 들면, 당신이 "젠장, 왜 화장지를 미리 준비하지 못하는 거지?"라고 화낼 때 상대방이 "잠깐만! 내가 뭘 하길 원한다면 그냥 원하는 것을 말해. 당신이 화를 내는 건 이 문제에 맞지 않아. 그리고 진짜 화 나는 일에 대해 얘기하고 싶으면 내가 충분히 들어 줄게"라고 말해 주는 것이다.

이러한 반응에 순간 화가 날 수도 있지만, 건강하지 않은 행동을 거절하는 파트너는 관계의 명확성을 회복하는 데 동참하는 파트너다. 실제 문제를 다루면 많은 시간을 절약할 수 있다. 실제 문제를 다른 문제에 덮어 씌어 싸우는 것은 중요한 문제를 해결하지 못하는 방법이므로 건강하지 않다. 또한 시간을 낭비하게 되고 관계에 계속 혼란을 주게 되므로 분노와 좌절이 고조되어 서로에게 상처를 줄 가능성이 커진다.

실제 문제를 둘러싼 분노와 희생양을 만든 문제로 발생한 분노 사이에는 엄청난 차이가 있다. 문제가 진짜이며 마음에서 나오는 진심이라면 분노는 타오르지도 않고 무섭지도 않다. 분노가 다른 사람이나 다른 문제로 방향을 바꾸면 그 열기가 화상을 입힌다. 진실한 감정으로 문제를 소통했다면 존재하지 않았을 문제가 관계에 생겨난다. 이러한 혼란은 우리가 서로에게 관여하고 있다고 느끼게 할 수도 있지만, 이러한 관여는 진정한 친밀감이 아니다. 우리 중 많은 사람이 말다툼이 유일한 애착의 느낌을 주는 가정에서 자랐다. 서로에게 소리를 지르면 적어도 그 순간만큼은 서로에게 관여하고 있는 것이다. 하지만 이는 진정한 친밀감에서 오는 평화로운 유대감과는 비교가 되지 않는다. 그렇다면 친밀한 관계에서 경계선은 어떻게 작동할까?

로라의 이야기

오늘 아침에 일어났을 때 정신이 들기도 전에 리가 사랑을 나누고 싶어한다는 것을 알 수 있었어요. 나는 아직 눈도 뜨지 않았는데, 압박감을 느끼기 시작했어요. 의붓아버지가 방에 있는지 알려고 잠을 자면서도 레이더를 작동하는 법을 배웠던 것 같아요.

나는 화가 나기 시작했어요. 리는 오늘 내가 중요한 회의에 참석해야 하고 그것이 끝날 때까지 회의에 집중해야 한다는 것을 알고 있었어요. 내가 분노를 다스릴 때 가장 잘 사용하는 도구인 거리 두기가 시작되는 걸 느낄 수 있었어요. 그러다가 문득 내게 경계선이 있다는 생각이 들었어요. 나는 나라는 것을 생각하며, 리와 분리되어 있는 나를 그려 보았어요. 내가 원하는 것과 필요로 하는 것을 생각했어요. 나는 회의에 에너지를 집중하고 싶었고, 그때까지 분리되어 있어야 했어요. 내 의식 안에 머물러야 했죠.

그러자 뭔가 충만한 느낌이 들었어요. 좋은 느낌, 그곳에 있다는 느낌, 나 자신이라는 느낌. 예전의 나는 나에 대한 리의 욕구로 가득 차서 나 자신에 관한 감각이 가려졌어요. 하지만 이제 새로운 나는 나를 점점 더 뚜렷하게 느껴요. 나는 내가 누구인지 느꼈고, 업무에 집중하고 싶은 욕구를 충족시킬 수 있다는 것을 알았어요. 나 자신을 보호할 수 있었죠. 분노가 사라졌어요. 물러설 필요가 없었어요.

리가 나와 사랑을 나누고 싶어 한다고 반드시 그가 원하는 대로 할 필요는 없어요. 그것은 별개인 인간 내면의 감정이지요. 지금 이 순간 내가 느끼는 감정이나 욕구가 아니에요. 나도 똑같은 감정을 가질 필요는 없어요. 그 감정을 고칠 필요도 없어요. 리가 나를 원하는 건 리가 알아서 할 일이지, 내 일이 아니에요. 그런 감정이 존재한다고 해서 화를 내거나 그 감정을 없애려고 노력할 필요는 없어요.

나는 리를 바라보면서 우리는 별개이고, 그는 내 간섭 없이도 기능할 수 있는 고유한 자신의 감정과 시각을 가진 별개의 존재라는 것을 알았어요. 나에게는 이 사람을 통제할 권리가 없지만, 이 사람에게 존중받을 권리는 있어요. 이런 자각을 할 때마다 사랑이 깊어지는 것을 느껴요. 나는 전에 친밀함이란 다른 사람과 뒤섞여 있는 것을 의미한다고 생각했어요. 지금은 그 반대의 느낌이 들어요. 우리는 매우 분리되어 있으므로 우리가 함께하는 것은 엄청난 축복이자 선물이죠.

이것이 우리의 성생활에 얼마나 큰 차이를 가져오는지 놀라워요. 어루만지는 느낌은 정말 좋아요. 팀이 안아 주던 것과는 달라요. 팀이 저를 안았을 때는 내 영혼의 빈 공간에 안도감이 차는 것을 느낄 수 있었어요. 나는 그것에 굶주린 느낌이 들었어요. 지금 리가 안아 주는 것은 내게 자양분이 되지만 생사를 가르는 건 아니에요. 그래도 훨씬 나아요. 우리는 분명히 분리되어 있어서 우리의 연대감은 믿을 수 없을 만큼 풍요롭기 때문이죠. 어쩌면 이러한 상태를 말로 충분히 설명할 수 없을지도 모르겠네요.

경계선이 없을 때

로라는 익숙한 경계선 없는 방어적인 반응에서 자신의 경계선을 인식하는 것으로 전환하는 방법을 보여 준다. 만약 경계선이 없다면 철회, 통제, 회피, 규칙 만들기, 상대방의 잘못으로 만들기, 유머, 섹스, 합리화, 주지화intellectualizing, 조롱, 완벽주의, 흑백논리, 위협, 다른 문제 제기, 차가움, 친절함, 상대에 대한 과도한 관심과 같은 방어 수단이 필요하다. 이는 모두 감정을 회피하고 직접적인 의사소통을 피하기 위한 손쉬운 방법이다. 건강한 대안은 자신의 감정을 진술하고 정직하게 표현하는 것이다.

다음은 방어 기제가 사용된 사례다.

제리 대 엘렌

제리 엘렌, 진심으로 사랑해.

엘렌 아이들을 데리러 가야 해요. (엘렌의 반응에 제리는 방을 나와 차고에 가서 자동차 오일을 갈기 시작한다)

엘렌 다녀올게요. (엘렌의 인사에 투덜거리며 답한다)

엘렌은 제리의 투덜거림에서 차가움을 느꼈고 그와 세상에 대해 화가 났다. 그녀는 항상 모든 일을 혼자서 해야 했다. 아이들을 데려오고, 집을 청소하고, 저녁 요리를 해야 했다. 그런데 남편은 항상 망할 놈의 자동차만 고치고 있었다. 그는 아마 오늘 밤 성관계를 원할 것이다. 엘렌은 그런 것에 흥미를 느낄 수 없었다. 그녀는 남편에게 조금도 친밀감을 느끼지 못했다. 그는 아내가 겪고 있는 일에 대해 전혀 몰랐다.

이제 경계선을 사용해 위의 대화를 재생해 보라.

제리와 엘렌

제리 엘렌, 진심으로 사랑해.

엘렌 아이들을 데리러 가야 해요.

제리 잠깐만! 내가 한 말 들었어?

엘렌 무슨 말이요?

제리 사랑한다고 말했잖아. 그 말을 들었으면 좋겠어. 잠시 멈추고 그 말을 받아 주면 좋겠어. 그러고 나서 애들을 데리러 가.

엘렌 (제리를 바라보며) 그러고 싶지만 해야 할 일에 대한 압박감이 커요. 엄마가 오시기 전에 마쳐야 할 일이 너무 많아요.

제리 이봐, 당신은 혼자가 아니야. 내가 도와줄게.

엘렌 지금 애들을 데려오고, 가게에 가서 고기와 샐러드를 사와 오븐에 넣고, 집 청소도 하고, 토마토도 옮겨 심어야 해요.

제리 완벽할 필요는 없어. 내가 가게에 가서 고기와 샐러드를 사 오고, 아이들과 함께 집 청소를 도와 줄 수 있어. 토마토는 내일 옮겨 심으면 되고. 어머니가 오시기 전까지 현관에 앉아 라임을 곁들인 탄산수를 마시며 발장난이

나 하자고. 당신이 애들 데리러 가는 동안 내가 가게에 다녀올게.

엘렌 (미소 지으며) 내가 요리할 음식을 고르고 싶어요.

제리 (미소 지으며) 그러면 내가 애들을 데려와서 같이 청소할게.

엘렌 (진심이 담긴 눈으로 제리를 보며) 사랑해요.

제리 나도 사랑해. 탄산수랑 라임도 잊지 마.

완벽할 필요는 없다

불완전한 세상에서 정말 이런 것이 가능할까? 경계선이 차이를 만든다. 두 번째 대화에서 제리의 사랑은 엘렌의 반응과 상관없이 그대로였고, 엘렌의 분주함은 제리의 감정과는 별개의 사건이었다. 제리는 자신이 원하는 것, 즉 경계선을 갖는 또 다른 부분에 대해 명확히 알고 있다. 그는 엘렌에게 자신의 메시지를 받아 주길 바라는 마음을 전달하되, 아내를 통제하거나 강요할 필요는 없었다. 제리는 자신이 원하는 것을 말했음에도 불구하고 아내가 그것을 듣지 않았을 때도 흔들리지 않고 자기 생각을 직접적으로 표현했다.

엘렌은 제리의 사랑을 받고 싶지만, 남편에게 마음을 열기에는 스스로 느끼는 부담이 너무 크다는 것을 깨달으면서 자신과 소통할 수 있었다. 그녀는 이러한 사실을 제리에게 말함으로써 자신과 남편을 모두 인정하고 문제를 공개적으로 드러낼 수 있었다.

제리의 자존감은 그대로 유지되었다. 그는 스트레스를 느끼는 엘렌의 감정으로 전환해 아내의 문제를 살펴보고, 그의 원래 욕구보다 아내의 필요를 우선시하며 일을 완수할 대안을 제시할 수 있었다.

그리고 엘렌은 모든 일을 자기 방식으로 해결해야 한다는 생각을 버리고 남편과 일을 공유할 수 있었다. 더는 모든 일을 혼자 해내고, 정성스러운 식사를 요리하고, 어머니를 위해 집을 완벽하게 꾸며야 한다는 생각에 얽매이지 않았다. 그렇게 부담감을 덜어낸 엘렌은 남편에게 마음을 열고 그를 받아들이고 그에 대한 사랑을 느낄 수 있었다. 1분도 채 되지 않는 친밀감으로 활력을 되찾은 두 사람은 그렇게 남은 하루를 보냈다.

친밀감은 간단하다. 어린 시절의 과제를 잘 관리해 건강한 경계선을 가진 상태를 잘 유지하면서 진정한 감정과 문제를 소통할 수 있는 온전한 두 사람에게는 간단한 일이다. 친밀감은 시간과 헌신에 따라 성장한다.

이걸 원하는가? 다음을 계속 읽어 보라.

10
벽 수리하기

경계선을 구축하는 방법

자신을 위한 경계선을 구축하는 데 너무 늦은 때는 없다. 인생이 어떤 지경에 이르렀든 건강한 경계선을 설정하면 개선될 수 있다. 다음의 세 가지를 실천하면 경계선이 개선될 수 있다.

- 자기-인식self-awareness을 증진한다.
- 아동기 위반 사항과 가해자를 파악해 이에 대해 느끼고, 해당 피해에 대한 치료를 받는다.
- 현재 관계에서 경계선의 상태를 점검하고 정리한다.

간단하게 들리는가? 간단하지만 쉽지는 않다. 이 장의 나머지 부분은 이 세 가지 과제와 관련해 도움이 되는 연습으로 구성되어 있다. 순서와 상관없이 혹은 세 가지 과제를 모두 한꺼번에 해결할 수도 있다. 경계선 설정의 한 측면을 파고들면 다른 두 측면도 도움이 될 것이다. 예를 들어, 자신에 대해 더 잘 알게 되면 어릴 때 어떻게 경계선을 침범당했는지 더 많이 깨닫게 될 것이다. 이러한 위반으로부터 치유되면 내면의 경계선이 커지고 현재 관계에서 경계선을 설정하는 자신을 발견하게 될 것이다.

신뢰할 수 있는 친구들에게 당신이 하고 있는 일을 알리고 도움을 요청하라. 그들은 당신이 새로운 발견을 할 때 경청해 주고, 힘들 때 돌봐 주고, 새로운 위험을 감수할 때 당신을 격려하고 응원해 줌으로써 도움을 줄 수 있다.

자기 인식 증진하기

자기-개념을 구축하라. 당신에 대한 인식과 당신이 아닌 것에 대한 인식을 키우라.

연습 10.1 자기 인식 증진하기

1. 작은 노트를 준비해 늘 가지고 다니라.
2. 일주일 동안 주변 사람들과 당신의 다른 점을 살펴보라.
3. 당신 자신, 그리고 함께하는 사람들에 대해 다음 사항을 기록하라.
   - 의견 차이가 있을 때 당신의 의견을 간단히 메모한다.

• 가치관 차이가 있을 때 당신의 가치관을 메모한다.

• 선호도 차이가 있을 때 당신의 선호도를 나열한다.

4. 일주일 후 노트에 기록한 내용을 읽어 보라.
5. 이 과정을 신뢰할 수 있는 친구와 논의하라(자기 의견을 강요하는 친구와는 이 문제를 논의하지 않는 것이 좋다).

연습 10.2 **자기 인식 증진하기**

1. TV에서 토크쇼를 시청하라. 어떤 발언에 동의하면 동의한다고 소리 내어 크게 말하고, 동의하지 않는다면 당신의 의견을 소리 내어 크게 말하라. TV 속 진행자에게 얘기하듯이 제스처를 취하고 목소리를 높여서 그 문제에 대한 당신의 의견을 말해 보라.
2. 이 경험을 신뢰할 수 있는 친구와 함께 나누라.

연습 10.3 **자기 인식 증진하기**

1. 지인과 교류하는 파티나 행사에서 지인 의견에 동의하지 않을 때를 주목하라.
2. 동의하지 않는다고 말한 다음, 당신의 견해를 말하라.
3. 대화가 끝나면 양해를 구한 뒤 이 대화로 인해 유발된 스트레스를 차분하게 회복할 수 있는 조용한 공간으로 이동하라.

4. 가능한 한 빨리 신뢰할 수 있는 친구에게 이 경험에 관해 이야기하라.

연습 10.4 자기 인식 증진하기

1. 친구의 의견에 무조건 동의하지 말고, 그들과 다른 당신의 의견을 솔직하게 말하라.
2. 상대와 다른 의견을 표현하는 것이 얼마나 힘든지 말하거나, 동의하지 않는 것에 대한 감정을 표현하는 것은 괜찮다.
   - "이건 말하기 어렵네요. 저는 당신과 다르게 생각합니다."
   - "이런 말을 하기가 쉽지 않지만, 그 점에 대해 동의하지 않습니다."
   - "당신의 의견을 소중하게 생각합니다만, 이 경우 제 의견은 다릅니다."
3. 대화가 완료되면 친구와 함께 느낌이 어땠는지 나누라.

연습 10.5 자기 인식 증진하기

1. 24시간 동안 당신의 욕구에 스스로 어떻게 반응하는지 주의를 기울인다. 목이 마르면 즉시 마실 것을 찾는가, 아니면 미루고 다른 일을 먼저 처리하는가, 아니면 그 욕구를 무시하는가? 피곤하면 휴식을

취하는가, 아니면 더 열심히 일하는가? 누군가 당신의 말을 들어줄 사람이 필요하다면 그것을 요구하는가, 아니면 그 욕구를 억누르는가? 애정이 필요하다면 그것을 표현하는가? 당신의 욕구를 무시하는 경우, 당신에 대한 이 미묘한 학대를 보상하기 위해 무엇을 하는가? 당신 자신을 위로하기 위해 먹고, 마시고, 쇼핑하는가?

당신의 신체적 · 정서적 욕구에 모두 주의를 기울이라. 욕구를 충족할 때마다 자신에게 별표를 주라. 욕구를 거부하거나 무시할 때마다 자신에게 마이너스를 주라.

24시간 후 별표 개수와 마이너스 개수를 합산하라. 당신의 욕구 충족 지수는 어느 정도인가?

2. 다음 24시간 동안 의도적으로 가능한 한 빠르게 모든 신체적 욕구를 충족하라. 예를 들어 직장에서 피곤을 느낀다면 약간의 휴식을 취할 수 있는 방법을 찾아보아라. 정원을 산책하거나, 문을 닫고 책상에 머리를 기대거나, 직원 휴게실에 가서 5분 동안 스트레칭을 하라.

   24시간 후 당신 자신에 대해 어떤 느낌이 드는가?

   당신의 신체적 욕구에 즉각 반응함으로써 어떤 변화가 생겼는가?

3. 이 경험을 신뢰할 수 있는 친구와 이야기하라.
4. 앞으로 24시간 동안 각 정서적 욕구를 가능한 빠르고 풍부하게 충족하라. 누군가 이야기를 들어줄 사람이 필요하다면 친구에게 전화를 걸어 부탁하라. 애정이 필요하다면 좋아하는 사람에게 포옹을 요청하라. 혼자 있고 싶거나 당신을 많이 아끼는 사람에게 치유를 받고 싶다면 그렇게 하라.

   24시간 후 당신 자신에 대해 어떻게 느끼는지 주목하라.

   당신의 정서적 욕구에 즉각 반응함으로써 어떤 변화가 생겼는가?

5. 신뢰할 수 있는 친구나 치료사와 이 모든 것에 관해 이야기를 나누라.
6. 매일 신체적 · 정서적 욕구(필요)를 계속 충족하기 위해 무엇이 필요한지 친구 및 치료사와 이야기해 보라. 연습 기간을 일주일까지 늘리면서 2~5번 단계를 반복하라.
7. 이런 방식으로 자신을 돌보는 데 방해가 되는 생각이 있다면 친구나 치료사에게 이야기하라. 치료받고 있다면 이러한 생각에 집중하는 시간을 가져 보라. 그 생각들을 제거하면 당신 자신에게 더 잘하게 된다. 자신의 욕구에 더 잘 반응하게 되면 다음과 같은 두 가지 사실을 알게 된다. 첫째, 욕구에 반응하는 것은 장기적으로 매우 효과적이다. 처음 피곤할 때 약간의 휴식을 취하면 나중에 완전히 지쳤을 때 많은 휴식이 필요하지 않다. 둘째, 욕구를 충족하면 힘과 온전함을 느끼게 되어 경계선이 발달한다.

아동기 위반 사항 파악하기

어린 시절의 경계선 위반 문제를 해결하는 것은 민감한 작업이다. 경계선에 대해 잘 아는 치료사는 헤아릴 수 없을 만큼 큰 도움을 줄 수 있다. 치료사는 어떤 위반이 저질러졌는지, 그리고 그 피해가 현재 어떤 영향을 미치고 있는지 발견하도록 안내해 줄 수 있다. 치료사는 침해당한 방식에 대한 모든 감정을 충분히 경험할 수 있도록 안전을 제공할 수 있다.

어린 시절 넘어졌을 때 누군가가 일으켜 주고 흙먼지를 털어 주면서 위로의 말을 건넸다면 기분이 훨씬 나아졌을 것이다. 이처럼 경계선 위반이 일어났을 때 누군가 당신을 일으켜 주고 먼지를 털어 주며 관심을 보이면 기분이 나아진다.

피해를 치유하는 데는 오랜 시간이 걸릴 수 있다. 역기능 가정에서 17년을 보냈다면 매일 20건의 경계선 위반에 노출되었을 수 있는데, 이는 총 12만 4,100건의 경계선 위반에 해당한다.

30~40년 동안 하루 24시간을 역기능 가정에서 안전하지 않다고 느끼며 살아왔다면, 6~7년 동안 일주일에 한두 시간만 치료받아도 그 상처를 치유할 수 있다. 매우 긴 시간처럼 들릴 수 있지만, 그 대가로 얻는 것은 새로운 삶, 만족스러운 관계, 자신의 존재에 대한 자신감 등 헤아릴 수 없을 만큼 많다.

연습 10.6 아동기 위반 사항 파악하기

1. 어릴 때 자신에게 중요했거나 힘이 있어 보였던 사람들을 나열하라 (예: 엄마, 아버지, 오빠, 언니, 삼촌, 이모 등).
2. 각 사람으로부터 받은 위반 사항 또는 모호한 경계선을 나열해 보라. 침입 및 먼 거리 위반, 신체적 위반, 정서적 위반을 모두 포함하라.

   정서적 자아를 소홀히 하는 것은 위반이라는 점을 기억하라. 삼각화, 어른의 문제를 도와주어야 한다는 기대, 아이에게 적절한 수준을 넘어 엄마나 어른을 돌봐야 하는 모든 방식을 포함하라.
3. 이 목록을 상담에 가져가거나, 신뢰할 수 있는 친구와 개인적으로 만나 나누어 보라. 이러한 위반에 대한 분노와 슬픔을 스스로 느끼고, 그 결과로 당신이 겪은 손실에 관해 이야기하라. 이러한 손실에 대해 스스로 위로받게 하라.

4. 이 연습이 끝나면 그날의 남은 하루는 휴식을 취하는 데 사용하라. 걷거나, 정원을 산책하거나, 허브티를 마시거나, 좋아하는 음악을 들으며 즐겁고 부담스럽지 않은 일을 하라. 충분히 쉬라. 당신은 정말 잘했다!
5. 이런 종류의 목록을 여러 번 작성해야 할 수도 있다. 때때로 치료는 오래되고 강력한 위반 사항에 대한 지속적인 목록에 관한 것이다. 우리가 강해질수록 과거로부터 더 많은 것을 알게 된다. 용기를 내어 탐색하고, 말하고, 느끼고, 위로받을 때마다 내면의 자아가 강화되고 내면의 경계선이 성장할 것이다.

현재의 경계선 정리하기

당신이 돌보거나 옹호하거나 감독하는 사람들과의 관계를 살펴보라

자녀, 부하 직원, 내담자, 고객, 또는 당신의 돌봄을 받는 다른 사람들과의 상호 작용을 살펴보라. 이러한 관계에서 동료 역할을 하고 있지는 않은가?

혹시 자녀에게서 우정을 찾고 있는가? 자녀에게서 부모의 양육을 찾고 있는가? 자녀는 동료나 부모가 될 수 없다. 돌봄 역할이 바뀌어 자녀가 부모를 돌보는 것과 관련해 어려운 결정을 내릴 때가 오겠지만, 당신이 신체적 · 정신적으로 자신을 돌볼 수 없을 때까지는 부모가 아닌 자녀의 욕구를 충족시키는 데 집중해야 한다. 물론 친구는 이러한 필요를 충족시켜 줄 수 있는 적절한 사람들이다.

내담자 또는 부하 직원과 함께 하는 활동에 동료로서 참여하고 있는가? 당신을 지원하는 직원이나 내담자와 개인적인 문제에 관해 이야기하는가? 직원들과 자주 저녁 식사를 하는가? 내담자와 사교적 이벤트를 많이 공유하는가? 지원 인력에게 비밀을 털어놓는가?

이러한 행동은 경계선을 흐리게 한다. 친구, 동료, 성직자, 회복 그룹 또는 치료사와 개인적인 고민을 상의하라. 부하 직원도 같은 자원(친구, 동료, 성직자 등)으로부터 도움을 받게 하라. 어느 날은 상사의 어깨가 되어 주고 다음 날에는 상사를 바로잡아야 한다면 두 사람 모두에게 힘든 일이다. 서로의 비밀을 공유하는 사람들 사이에 형성되는 특별한 신뢰와 개방성은 회사가 우선임을 상기시키는 상호 작용으로 인해 깨진다.

만약 당신이 개인적인 문제로 내담자에게 도움을 요청하면 아마도 내담자는 점점 더 당신을 상담사로서 의지하지 않게 될 것이다. 내담자는 도움이나 서비스를 받기 위해 당신을 찾기 때문이다. 당신은 관계의 목적을 방해하게 될 것이고, 내담자로서 그 사람을 잃게 될 가능성이 매우 높다.

많은 사람이 내담자와 함께 사회생활을 영위한다. 이는 미국인들이 흔히 하는 일이다. 그렇다면 이것이 어떻게 경계선 문제가 될까?

목사인 린다와 그녀의 남편은 교회에 다니는 조앤과 밀러 부부와 어울린다. 그들은 자주 함께 저녁 식사를 하고 카드 게임을 한다. 린다와 조앤은 좋은 친구가 되었다. 그들은 함께 짧은 여행을 떠나고, 비밀을 공유하고, 즐거운 시간을 보낸다. 그런데 얼마 후 밀러가 교회 사무실에 있는 린다를 찾아온다. 그는 다른 여자를 만나고 있다고 털어놓는다. 그는 그녀를 계속 만날 계획이고, 아내에게 이 사실을 말할지 말지 확신이 서지 않는다. 밀러는 목회 상담자이자 영적 조언자인 린다를 찾아온 것이지만, 친구 조앤에 대한 린다의 충성심이 상황을 혼란스럽게 만든다.

당신은 변호사다. 고객인 에스더 롱이 자신의 유언장에 관해 상담하고자 한다. 그녀는 당신을 수탁자로 지명한다. 하지만 비용을 지불할 여유가 없으므로 정원사로서 자신의 서비스를 대신 제공할 것을 제안한다. 당신은 유언장을 작성하고 그녀가 사망한 이후 유산을 관리하는 대가로 에스더가 당신의 집 마당을 조경하고 유지 관리하는 데 동의한다. 그녀는 실제 현금은 많지 않지만 신탁에 묶인 원금을 가지고 있으며, 그것은 사망 후 10년간 자녀들에게 부분적으로 분배될 것이다. 이에 유언장을 작성한다.

하지만 여름 내내 에스더를 좀처럼 신뢰할 수 없다는 것이 드러난다. 그녀는 약속한 시각에 나타나지 않고, 잔디는 너무 자라 집이 형편없어 보인다. 화단의 잡초를 잘 뽑지 않아 피튜니아 사이에 긴 풀이 튀어나오고 죽은 꽃이 덤불에 매달려 있다. 그녀에 대한 짜증이 점점 커진다. 게다가 에스더는 50년 전에 할머니가 심은 클레마티스를 잡초인 줄 알고 뽑아 버리고, 마당 한가운데 비료를 버려 지름 2m 크기의 땅을 태워 버린다. 마침내 당신은 더는 그녀의 수탁인이 되지 않기로 결심하지만, 그 말을 하기 전에 에스더가 사망하고 만다. 당신은 10년 동안 에스더의 부동산을 관리해야 하고, 그녀가 남긴 화재 자국은 5년 동안 잔디밭에 남아 있다.

이러한 상황에서 당신이 에스더의 치료사나 상담사 또는 변호사이고, 그녀가 당신의 마당을 엉망으로 만드는 동안 따뜻하고 수용적인 태도를 보여야 한다고 상상해 보라. 또는 당신이 에스더의 친구이고, 에스더를 고용해 마당을 관리하고 있다고 상상해 보라. 우정은 어떻게 될까?

옹호자 또는 감독자 역할과 또래 활동이 겹치면 종종 이러한 유형의 경계선 혼동이 발생한다. 조만간 옹호자나 감독자에게는 한 가지 유형의 대응을, 친구나 또래에게는 다른 유형의 대응을 요구하는 상황이 발생한다.

당신이 작은 마을이나 섬에 살고 있다면 어떻게 해야 할까? 친구, 내담자, 직원이 될 수 있는 사람의 수는 제한되어 있다. 당신의 사회적·관계적 필요를 충족하기 위해 경계선을 모호하게 만들 수밖에 없다면 조만간 경계선 문제가 발생할 수 있다는 사실을 알아 두라. 이러한 지침을 무시할 수는 있지만, 그렇게 함으로써 직원의 분노를 사거나 친구이자 내담자인 사람을 잃는 것으로 귀착될 수 있는 결과에 스스로 노출될 것이다.

당신을 돌보거나 옹호하거나 감독하는 사람들과의 관계를 살펴보라

당신은 치료사, 상사, 변호사, 의사, 성직자와의 우정을 추구하는가? 조만간 그 역할이 충돌할 것이다. 당신의 치료사가 좋은 경계선을 유지하길 바라며 치료사와 우정을 나누고 싶은 당신의 욕구에 대해 그와 이야기할 수 있기를 바란다. 경계선을 잘 지키는 치료사는 치료 관계의 한계를 명확히 유지하면서 이러한 욕구를 불러일으키는 당신의 문제를 탐색하도록 도와줄 것이다.

상사는 당신의 친한 친구인가? 그렇다면 다음과 같은 상황을 상상해 보라. 당신은 친구인 상사에게 당신의 휴가가 얼마나 중요한지 이야기했다. 그 휴가 기간에 배우자와 시간을 보내면서 잃어버린 친밀감을 새롭게 하고 흔들리는 결혼 생활을 회복할 수 있기를 기대한다고 말했다. 하지만 휴가 이틀 전에 상사가 휴가를 취소하라고 요구한다. 중요한 일이 다가오는데 그 일을 할 수 있는 사람은 당신뿐이고 그래서 당신이 꼭 일해야 한다고 말한다. 이런 경우 상사와 당신의 우정은 어떻게 되겠는가? 상사에 대한 충성심은 어떻게 되겠는가?

당신의 변호사는 당신과 배우자에게 좋은 친구인가? 만약 배우자가 이혼과 양육권을 원하고 그 변호사를 대리인으로 세운다면 어떻게 될까?

당신의 의사는 친한 친구인가? 그 의사는 당신이 유방절제술을 받아야 한다고 생각하는데 당신이 다른 의사의 소견을 원한다면?

이제 명확하게 이해되는가? 옹호자와 동료의 역할이 혼재되어 있으면 충성도가 나뉜다. 삶의 양쪽 입장을 모두 약화시키는 껄끄러운 상황을 초래할 수밖에 없다. 결국 당신은 옹호자와 친구, 둘 다 잃을 수 있다.

마지막으로 또래와의 관계를 살펴보라

다음과 같은 경우 껄끄러운 상황이 발생할 수 있다.

- 친구 고용하기
- 친구에게 서비스 또는 물건 판매하기
- 친구로부터 서비스 또는 물건 구매하기
- 다른 부부와의 긴밀한 관계. 만약 다른 부부와 비밀을 공유하는 경우라면, 그중 한 사람이 당신이 말한 것을 배우자에게 비밀로 할 것이라고 믿을 수 있는가? 한쪽이 다른 쪽에게 상처를 줄 만한 비밀을 공유한다면, 당신은 어떻게 하는가?

경계선을 정리하는 방법

지금까지 당신의 관계와 혼란이 지배하는 상황들을 살펴보았다. 옹호 관계, 돌봄 수혜자 관계, 또래 관계가 엉망진창으로 뒤섞여 있다. 잘 몰라서 그런 것이지, 당신은 좋은 사람이다.

1. 역할이 혼재된 각각의 경우에 어떤 역할이 당신에게 더 중요한지 결정하라.
2. 역할이 혼재된 친구와의 관계에서 당신이 발견한 내용에 관해 이야기하고, 그 관계에서 어떤 변화를 원하는지 말하라.
3. 친구가 경계선에 대해 들어 본 적이 있다면 금방 이해할 수 있을 것이다. 친구가 경계선을 낯설어한다면 이 책을 읽어야 할지도 모른다. 친구가 당신을 이해하고 자신이 원하는 것을 당신에게 말할 수 있도록 시간을 주라.
4. 당신의 새로운 관계를 협상하라. 두 사람이 모든 감정을 드러내고 상대방의 말에 귀를 기울이면 둘 다 큰 이득을 얻을 수 있을 것이다.

예를 들어 당신의 변호사 샐리가 가장 친한 친구라면, 당신이 가장 원하는 것은 무엇인가? 친구보다 변호사로서 샐리가 더 필요하다면 샐리에게 그것을 솔직히 이야기하라. 역할 혼합에 내재된 함정을 보여 주는 책을 읽었다고 설명하라. 당신은 샐리를 사랑하지만 변호사로서 샐리가 가장 필요하며, 샐리와의 관계를 친구가 아닌 좀 더 전문적인 관계로 만들고 싶다고 말하라.

샐리는 상처를 받거나 친구로서 거부당했다고 느낄 수 있다. 혹은 협상으로 대응할 수 있다. 그녀는 변호사보다 친구가 되기를 원하며, 당신에게 소개해 줄 좋은 변호사를 몇 명 알고 있다고 말할 수 있다. 당신은 담당 변호사를 그들로 바꾸고 샐리와 우정을 유지하는 것을 고려하겠는가?

진정으로 원하는 것이 무엇인지 결정하라

그리고 당신이 원하는 것을 말하라. 이러한 관계 문제를 해결하려면 정직함과 용기가 필요하다. 샐리가 건강하고 정직하다면 두 사람 모두 관계의 진전에 좋은 느낌을 받을 수 있는 지점에 도달할 것이다.

상사나 상급자가 사교 활동을 장려하는 사람이라면 어떻게 해야 할까? 상사가 자꾸만 개인적인 문제에 대해 비밀을 털어놓으라고 권유한다면 어떻게 해야 할까?

그럴 때는 사생활과 업무를 혼용하는 것이 좋지 않다는 것을 깨달았다고 설명하라. 그것은 직원으로서 당신의 업무 효율성에 방해가 될 수 있는 만큼, 이를 방지하기 위해 당신의 업무와 직접 관련된 활동에만 참여하기로 결정했다고 말하라. 회사 야유회는 괜찮다. 업무 보고를 겸한 점심 식사도 괜찮다. 하지만 당신의 개인 정보는 비밀로 하고 상사와는 업무적으로만 관계를 유지하라. 상사가 건강한 사람이고 이러한 상태를 파악한다면 충분히 이해할 것이다. 그렇지 않더라도 그건 당신의 문제가 아니다.

상사의 건강이 좋지 않아 당신의 일에 위협이 될까 봐 걱정된다면? 치료사에게 확인해 보라. 치료사는 그러한 상황의 실체를 파악하는 데 도움을 줄 수 있다. 건강하지 않은 상사는 건강하지 않은 당신 부모에 의해 유발된 반응을 촉발할 수 있다. 치료사는 당신의 안전을 위해 지금 해야 하는 것과 당신의 반응에 영향을 주는 과거 문제를 명확히 파악하도록 도와줄 것이다.

조직 내 질병을 직시하라

일부 상사는 매우 건강하지 못하며, 때로는 무의식적으로 자신의 욕구를 충족하기 위해 권력을 남용하기도 한다. 상사의 건강하지 못한 모습은 조직 전체에 나타난다. 많은 기업이 건강한 관리자를 선택하는 데 실패했을 때 발생하는 피라미드 효과를 인식하지 못하는 것이 놀라울 따름이다. 회복되지 않은 알코올 의존자, 상호의존적이거나 강박적인 관리자는 한 번도 본 적 없는 부하 직원에게 해로운 영향을 미칠 수 있다. 마찬가지로 치료받고 있는 상사는 부서 전체에 활력을 불어넣을 수 있다.

만약 조직 내에 질병이 만연한 경우, 당신은 동료들과 건강한 기반을 조성하고 상사와 건강한 관계를 만들기 위해 노력할 수 있다. 당신이 더 건강해지면, 주변 사람들이 이유도 모른 채 당신과 더 건강한 방식으로 관계를 맺기 시작할 수 있다. 건강한 경계선을 가지면, 주변에서 일어나는 혼란에 영향을 받지 않는 것이 가능하다. 소용돌이 속에서 고요한 섬이 될 수 있다.

하지만 때로는 소통을 환영하고, 회복을 존중하며, 경계선을 존중하는 조직과 건강한 상사가 있는 직장이나 부서로 옮겨야 할 때도 있다.

부모와 자녀와의 경계선을 정리하라

당신이 부모를 돌보고 있었다면 이를 그만둘 수 있다. 부모가 자신을 돌볼 수 없는 처지라면 돌볼 수밖에 없겠지만, 그렇다 하더라도 다른 돌보미에게 맡길 수 있지 않은가? 부모가 이를 이해하지 못한다면, 당신 자신을 돌보는 것을 잊지 말라.

당신의 부모가 있는 그대로를 유지하기 위해 어떤 장치를 사용하는지는 당신이 나보다 더 잘 알 것이다. 이에 대해 어떤 부모는 솔직하게 직면하고 대응한다. 어떤 부모는 관계를 개선하기 위해 기꺼이 자녀와 함께 치료받으러 가기도 하고, 어떤 부모는 예전 방식으로 계속 사는 것을 당신이 왜 원하지 않는지 직접 경험해야만 당신을 이해한다. 안타깝게도 일부 부모는 중독이나 역기능적인 삶으로 인해 너무 큰 상처를 입어 솔직하게 직면하는 능력을 상실하기도 한다. 스캇 펙M. Scott Peck의 저서 『거짓의 사람들People of the Lie』은 정신적인 건강과 개방성에 반하는 선택의 결과를 잘 설명해 준다.

편하게 느끼는 대로 하라

부모님이 이해하지 못하거나 이해하지 않으려 하는 경우, 차선책을 결정하도록 치료사가 도와줄 수 있다. 건강에 해로운 습관을 거부할 때 우리는 매우 강력해진다. 치료, 공동의존자 모임, 알코올 중독자 모임은 당신이 부모의 건강에 해로운 행동을 어떻게 조장해 왔는지, 그리고 이를 중단하는 방법을 발견하는 데 도움을 줄 수 있다. 오래된 습관을 거부하면 놀랍도록 빠른 결과를 얻을 수 있다.

만일 부모가 당신이 간절히 원하는 건강한 관계를 향해 걸음을 내딛지 못한다면, 이 상실을 극복하는 데 시간이 걸릴 것이다. 이는 진짜 죽음이며, 가족에 대한 당신의 희망이 죽는 것이다. 때로 우리는 혈연관계가 아닌 사람들 사이에서 가족을 찾아야 할 때가 있다.

부모가 부적절한 질문을 하거나, 초대하지 않은 곳에 나타나거나, 배우자 또는 당신 자녀와 삼각화를 하면서 여전히 당신의 경계선을 위반하고 있을 수도 있다. 당신은 친구나 낯선 사람에게 설정한 것과 마찬가지로 무분별하거나 방해가 되는 부모에게도 동일한 경계선을 설정할 권리가 있다.

부모의 부적절한 질문에 답변을 거부할 수 있고, 초대받았을 때만 당신의 집에 방문하게 할 수 있으며, 초대하지 않았을 때는 부모의 출입을 거부할 수 있다. 삼각화에 대해서도 배우자 및 부모와 이에 대해 직면할 수 있다.

만일 당신이 부모로서 자녀에게 기대고 있었다면 다른 사람에게 기대라

당신이 의지할 수 있는 치료사를 찾아보아라. 좋은 부모가 되는 방법을 가르쳐 달라고 부탁하라.

만약 당신의 자녀가 당신에게서 큰 상처를 받았다면 관계 개선을 위한 노력을 그만두었을 수 있다. 새롭고 건강한 관계를 구축할 수 있도록 당신의 실수를 바로잡고 싶다는 간절한 마음으로 자녀에게 다가가라. 과거의 상처를 치유하기 위해 몇 차례의 힘든 치료가 필요할 수도 있다.

티나의 이야기

수년 동안 나는 가족을 하나로 유지했어요. 엄마는 나에게 매우 의존했고, 나는 우리 사이에 일어난 모든 일에 대해 책임감을 느꼈어요. 나는 우리 관계를 유지하기 위해 노력했어요. 내가 다른 지역으로 이사했을 때 엄마는 아무런 항의도 하지 않았지만, 점점 엄마와 멀어지는 것을 느꼈어요. 엄마는 슬퍼서 울고 싶을 때가 아니면 전화도 하지 않았어요. 그리고 엄마 집에 갈 때마다 내 시간을 두고 친구들과 경쟁하곤 했어요. 엄마를 위해 아무리 많은 시간을 사용해도 충분하지 않았죠. 엄마는 내가 친구들 대신 자신을 선택하게 하려고 온갖 방법으로 나를 조종했어요.

엄마는 나를 주요 지원군으로 삼았어요. 내가 걱정스러운 이야기를 꺼낼 때마다 엄마는 곧바로 대화를 자신의 문제로 돌리곤 했어요. 몇 년 전 남자친구가 나를 배신했지만, 엄마에게 이 일을 말해서는 안 된다는 걸 알고 있었어요. 나는 이미 오래전에 노력을 멈췄어요. 하지만 엄마는 전혀 눈치채지 못했어요. 여전히 나에게 "넌 너한테 무슨 일이 있는지 도통 나한테 말하지를 않아"라고 말하곤 했지요.

엄마가 마지막으로 이 말을 했을 때 나는 몇 년 동안 치료를 받고 있었고, 상황을 은폐하는 능력을 잃어 가고 있었어요. 그러다 보니 나도 모르게 입에서 이런 말이 튀어나왔어요. "내가 엄마와 이야기하려고 하면 엄마는 늘 자신에 관한 이야기로 말을 바꾸잖아요. 처음에는 엄마 도움이 필요해서 이야기를 꺼내는데, 결국은 엄마를 돕는 것으로 끝나요. 그러고 나면 이야기를 시작할 때보다 더 공허한 기분이 들어요." 그러자 엄마는 "나는 그런 적이 없어"라고 했어요. 내가 아무 말도 하지 않자 잠시 후 "한 번만 더 기회를 주겠니?"라고 말했어요.

나는 5분 정도 아무 말도 하지 않고 앉아 있었어요. 그러고 나서 "남편이 정말 걱정돼요. 그를 믿을 수 있을지 모르겠어요. 내가 이사한 이후로 그이는 여자를 찾을 때만 가는 곳에 가고 있어요"라고 말을 꺼냈어요. 그러자 엄마는 즉시 "내 기분이 어떻겠니? 네 아버지는 항상 나한테 그렇게 했잖아"라고 말하고는 울기 시작했어요. 나는 "또 시작이군요"라고 말했죠. 이 말에 엄마는 깜짝 놀라 눈물을 멈췄어요. "그래, 네 말이 맞아!" 엄마는 마침내 자신이 무엇을 하고 있는지 알게 되었어요. 나중에 나는 엄마에게 더는 대화하는 방법을 가르치거나 연락을 주고받지 않겠다고 했어요. 엄마는 나를 조종하려고 몇 가지 방법을 시도했지만, 나는 넘어가지 않았어요. "네가 대화하는 법을 가르쳐 주지 않으면 누가 가르쳐 주겠니?"라는 엄마의 말에 나는 "기꺼이 가르쳐 줄 사람은 많아요. 더 이상 내가 할 일은 없을 것 같아요"라고 말했죠. 그러자 엄마는 "어떤 사람들이니?"라고 물었어요. 나는 "상담사, 치료사, 심리교육을 하는 사람들이요. 찾아보면 얼마든지 찾을 수 있을 거예요"라고 대답했어요. 엄마는 여전히 나에게 죄책감을 주려고 했지만, 나는 어떤 것에도 넘어가지 않았어요. 내 내면이 너무 강하고 맑게 느껴졌어요. 엄마와 몇 분만 함께 있어도 가슴에 돌이 박히는 것 같았는데, 그런 느낌이 없어졌어요.

이 대화를 나누고 나흘 뒤에 엄마는 치료를 받기 시작했어요. 6개월 동안 치료받았어요. 그러고 나서 엄마와 내가 함께 다섯 시간 동안 치료를 받았어요. 우리는 지금 멋진 관계를 맺고 있어요. 나는 이제 엄마를 매우 존경해요. 엄마는 한결 강해졌어요. 자신의 삶을 책임지고 있어요. 엄마와의 사랑도 더 돈독해졌죠. 정말 놀라워요.

윌마의 이야기

나는 티나의 엄마입니다. 딸이 나와 마주했을 때 무슨 말을 하는지 전혀 몰랐어요. 내가 딸에게 아주 많이 의지하고 있다는 사실을 몰랐어요. 우리 관계에서 딸이 모든 일을 하게 하고 있다는 사실도 몰랐어요.

처음 상담을 받으러 갔을 때 무엇을 기대해야 할지 전혀 몰랐어요. 무슨 말을 해야 할지도 몰랐죠. 마치 내 눈을 가린 것 같았어요. 인생에 내가 모르는 것이 너무 많았어요. 경계선에 대해서도 몰랐어요. 티나가 아버지에게 학대당했다는 사실도 몰랐죠.

나는 믿을 수 없을 만큼 결핍된 상태여서 딸을 소홀히 했다고 생각해 본 적이 없었어요. 늘 집에 있었지만, 딸은 그냥 홀로 자란 거였죠.

이런 이야기는 정말 듣기 힘들었어요. 내가 경험해 본 것 중에서 상상도 못 할 정도로 가장 힘든 경험이었죠. 하지만 딸의 말을 듣는 법을 배우지 않으면 딸을 잃을 수 있다는 걸 알았고, 지금은 딸이 하는 말을 모두 들을 수 있는 단계에 이르렀어요.

치료사는 나에게 엄마가 되는 법을 가르쳐 줬어요. 예순다섯 살에 엄마가 되는 법을 배운 거죠. 이제 딸에게 전화를 걸면 딸이 무엇을 하고 있는지, 기분이 어떤지 물어봐요. 딸의 말을 끊지 않고 경청하고, 딸의 말이 완전히 끝날 때까지 기다렸다가 내 이야기를 하죠. 딸이 나를 돌보게 하려는 게 아니라 공유의 목적으로만 이야기한답니다.

지난주에 티나에게 그녀의 업무에 관해 물었더니 "엄마, 정말 잘하고 있어요. 내 일에 관해 물어보다니 정말 기분이 좋아요!"라고 하더군요.

사실 처음에는 치료받고 싶지 않았어요. 치료받는 것이 뭔가 정신적 문제가 있거나 나약하다는 의미로 느껴졌거든요. 아무리 치료사라 해도 낯선 사람에게 문제를 털어놓는 것이 힘든 일이기도 했고요. 하지만 만약 치료하지 않았다면, 딸을 잃었을지도 몰라요. '내가 소중히 여겼던 딸은 어디 있을까?'라는 생각으로 남은 평생을 보냈을지도 몰라요.

11
좋은 울타리

건강한 경계선은 건강한 관계를 만든다

건강한 경계선을 구축할 수 있기를 바란다. 이 과정은 지속적인 관심과 관리가 필요하다. 언젠가는 우리 대부분이 경계선을 이해하고 경계선을 넘는 상호 작용에 민감하게 될 것이다. 하지만 그 행복한 순간이 오기 전까지는 선의를 가진 사람들조차도 계속해서 개인의 영역을 침범할 것이다.

건강한 경계선은 우리 자신을 정의하게 해 준다. 또한 신체적 · 정서적 건강을 증진하고 회복을 촉진한다. 건강한 경계선은 건강한 관계를 만든다.

진정한 친밀감은 건강한 경계선을 가진 온전하고 명확히 구분되는 두 사람 사이에서만 가능하다. 밀착은 친밀감처럼 느껴지지만 실제로는 그렇지 않다. 당신과 뒤섞여 있는 사람과 어떻게 진정으로 친밀해질 수 있을까? 친밀감이라는 것은 상대방이 명확히 당신을 알고 당신이 상대방을 알 때 가능하다. 상대방의 개별성이 모호하고 희미하다면 어떻게 상대방을 명확히 알 수 있을까? 당신 자신에 대한 감각이 불안정하다면 어떻게 다른 사람들에게 당신이 분명하게 알려질 수 있을까?

경계선이 명확해지면 당신이 무엇을 원하는지를 분명히 알게 되므로 자신이 얻고 싶은 것을 얻게 된다. 또한 자기 자신에게 무엇이 중요한지 알게 되어 그 중요한 일에 관여할 수 있게 된다. 당신의 경계선을 존중하는 친구들과는 우정을 더 돈독히 쌓게 될 것이다. 그렇게 특정한 사람과의 진정한 친밀감이 가능해진다.

그 시인의 말이 옳았다. 좋은 울타리는 좋은 이웃을 만든다.

찾아보기

(ㅈ)

(ㅊ)

(ㅌ)

(ㅍ)

(ㅎ)

경계선

초판 1쇄 인쇄 2025년 7월 14일
초판 1쇄 발행 2025년 7월 21일

지은이 | 앤 E. 캐서린
옮긴이 | 정화숙, 김미자
펴낸이 | 소정영

펴낸곳 | 도서출판 하나의학사
출판신고 | 1988년 4월 1일 제2022-000082호

주소 | 서울특별시 송파구 동남로 159, 302호(한흥빌딩)
전화 | 02-730-2555, 2556 **팩스** | 02-730-2557
이메일 | hanampc1@naver.com
홈페이지 | www.hanampc.co.kr

ISBN 979-11-91658-58-3 03180